Lesben- und Schwulenverband

Familienbuch

Dr. Christine Bergmann
Grußwort 9

Ida Schillen
Das Familienbuch 11
Eine Aufklärung über negierte Familienrealitäten

Wir sind immer am Schwätze 17
Familienporträt Sonja und Antje
Text: Claudia von Zglinicki

Kampf der Co-Mütter 25
Familienporträt Silke und Petra
Text: Claudia von Zglinicki

Halina Bendkowski
Das rosa Schaf und die schwarze Familie 33
Zur Verteidigung des Feminismus – geordnete Erinnerung an
einen Vortrag über den „Familienbegriff im Wandel"

Vietnam ist kein Basar 41
Familienporträt Andrea und Silvia
Text: Claudia von Zglinicki

Unterschiedlicher als diese beiden – das geht kaum 49
Familienporträt Angelika und Corinne
Text: Claudia von Zglinicki

Silke Burmeister-Ruf
Wie komme ich zum Kind? 55

    Dürfen Lesben und Schwule ihren Kinderwunsch realisieren?
    Wie kann ich meinen Kinderwunsch realisieren?
    Wie können wir als Paar gemeinsam ein Kind bekommen?
    Wie kann ich eine Schwangerschaft herbeiführen?
    Wie funktioniert die einfachste Insemination?
    Woher kommt das Sperma?
    Wie funktioniert die Sache mit einer ausländischen Samenbank?
    Wer bekommt das Kind?

Wie kann ich oder wie können wir ein Kind adoptieren?
Kann ich dem Jugendamt sagen, dass ich homosexuell bin?
Wie finde ich oder wie finden wir „unser" Kind im Ausland?
Gibt es auch innerhalb Deutschlands die Möglichkeit,
Verantwortung für ein Kind zu übernehmen?
Können wir als Paar gemeinsam die Pflegschaft für ein Kind
übernehmen?
Ist ein Pflegekind wirklich „mein" oder „unser" Kind?

Die Regenbogenfamilie 71
Familienporträt Michael
Text: Claudia von Zglinicki

Wenn man lesbisch ist, kann man keine Kinder haben 75
Familienporträt Jeannette
Text: Claudia von Zglinicki

Dirk Siegfried
Rechtliche Situation lesbischer und schwuler Familien 79
 I. Einleitung 79
 II. Fragen und Antworten 80
 1. Wie kommen wir rechtmäßig zum Kind?
 2. Wer sind dann die Eltern?
    Wem steht die elterliche Sorge für das Kind zu?
    Wer ist unterhaltspflichtig und was läßt sich daran ändern?
    Muss die Mutter den Vater eigentlich bei den Behörden angeben?
    Was ist eigentlich, wenn die Mutter Ausländerin oder der Vater
    Ausländer ist?
 3. Welche Rechte und Pflichten haben Co-Eltern im Verhältnis zum Kind?
 4. Was ändert sich, wenn Co-Mutter und Mutter bzw. Co-Vater und Vater
    eine Lebenspartnerschaft eingehen?
 5. Wie ist das Verhältnis zwischen Mutter und Co-Mutter bzw. Vater und
    Co-Vater geregelt?

Wer ist eigentlich die andere Frau? 91
Familienporträt Moni und Lisa
Text: Claudia von Zglinicki

Kinder haben – oder allein leben 97
Familienporträt Elisabeth und Andrea
Text: Claudia von Zglinicki

Sonja Springer
Spätes Coming out in Familien 103
Einige Ratschläge

Elisa Rodé
Weiterführende Internetsites, Adressen und Literaturhinweise ... 107

Index 129

Grußwort

Familie wird heute in vielfältiger Form gelebt. Für manche Kinder gehören zu ihrer Familie zwei Väter oder zwei Mütter, die in einer gleichgeschlechtlichen Partnerschaft leben.

Mit dem Lebenspartnerschaftsgesetz, das am 1. August 2001 in Kraft trat, wird auch die rechtliche und gesellschaftliche Anerkennung lesbischer und schwuler Paare gestärkt. Die Bundesregierung hat sich eine aktive Politik zum Abbau der rechtlichen und gesellschaftlichen Diskriminierung und Benachteiligung von Homosexuellen zur Aufgabe gemacht. In ihrer Politik orientiert sie sich an der Lebenswirklichkeit und respektiert die Vielfalt der Lebensentwürfe und Lebensformen. Durch dieses klare Votum und durch die Arbeit des Gesetzgebers zur Schaffung eines Rechtsinstituts für gleichgeschlechtliche Lebenspartnerschaften ist Bewegung in die politische und gesellschaftliche Diskussion gekommen.

Obwohl es immer noch Unverständnis, Ängste und moralische Ablehnung gibt, haben viele Menschen zur Kenntnis genommen, dass es auch lesbische Mütter und schwule Väter gibt. Familie ist nach wie vor der wichtigste Ort, an dem Kinder aufwachsen und wo sie Geborgenheit und Unterstützung finden. Wir sollten uns aber, wenn wir das Wohl des Kindes im Blick haben, nicht nur an der Struktur von Familien orientieren, sondern uns die Qualität des familiären Zusammenlebens anschauen. Kinder können in gleichgeschlechtlichen Partnerschaften ebenso gut aufwachsen wie in anderen Familien. Allerdings ist die gesellschaftliche Akzeptanz dieser Familien weiter zu unterstützen.

Wir haben in unserem Bestreben nach größerer Anerkennung und mehr Respekt gegenüber gleichgeschlechtlichen Lebensformen bereits einen großen Schritt nach vorn gemacht und ich bin zuversichtlich, dass wir auf diesem Weg weiter voran kommen, wenn wir uns auf allen gesellschaftlichen und politischen Ebenen für den Abbau von Diskriminierungen und Vorurteilen einsetzen.

Dr. Christine Bergmann
Bundesministerium für Familie, Senioren, Frauen und Jugend

Ida Schillen
Das Familienbuch
Eine Aufklärung über negierte Familienrealitäten

Das erste Familienbuch des Lesben- und Schwulenverbandes präsentiert Lebenswirklichkeiten gleichgeschlechtlicher Eltern mit Kindern. Das Buch klärt über Familienrealitäten auf, die bisher von der Mehrheit der verantwortlichen Politiker und Politikerinnen und auch von Gerichten hartnäckig negiert werden. Das Buch räumt auf mit dem Vorurteil, Lesben und Schwule würden keinen generativen Beitrag für die Gesellschaft leisten. Das Buch zeigt den notwendigen rechtlichen Reformbedarf, um soziale Elternschaft anzuerkennen und die Gleichberechtigung für Kinder und ihre lesbischen oder schwulen Eltern herzustellen. Abgesehen davon, dass Lesben und Schwule wie alle anderen Menschen auch in familiäre Zusammenhänge hineingeboren werden, sie als Kinder und Enkelkinder, als Geschwister, Onkel und Tanten familiäre Beiträge leisten, Veranwortung für andere bis hin zur Pflege von Angehörigen übernehmen, sind sie auch selbst originäre Mütter und Väter von leiblichen Kindern, von Pflegekindern, von Adoptivkindern, von nichtehelichen Kindern und von ehelichen Kindern. Unter der programmatischen Definition ‚Familie ist, wo Kinder sind' sind sie bisher allerdings nicht mitgemeint und werden rechtlich, materiell und sozial weitgehend ausgegrenzt.

Familienschutz garantieren
Die Diskussion um das neue Lebenspartnerschaftsgesetz, das seit August 2001 in Kraft ist, offenbarte nicht nur eine erhebliche Unkenntnis über die Lebenslage von Schwulen und Lesben, sondern gipfelte in offensiv zur Schau getragener Wirklichkeitsverweigerung, was das Zusammenleben mit Kindern betrifft. Irrigerweise wurde von hochrangigen politischen Persönlichkeiten behauptet, Lesben und Schwule könnten keine Familie gründen, daher seien sie auch nicht mit heterosexuellen Ehepaaren gleichzustellen und erst recht könne der in Artikel 6 des Grundgesetzes formulierte Schutz von Ehe und Familie nicht von ihnen in Anspruch genommen werden. 1993 rechtfertigte auch das Bundesverfassungsgericht die Ungleichbehandlung gleichgeschlechtlicher

Paare mit deren Kinderlosigkeit. Was für die einen angeblich ein Ausschlussgrund ist, ist für die anderen recht und billig. Obwohl nachweislich viele heterosexuelle Paare kinderlos sind, ob gewollt oder ungewollt, nutzen sie dennoch ungehindert das Ehe- und Familienrecht bis hin zu erheblichen Steuervorteilen beim Ehegattensplitting. Diese Vorteile werden gleichgeschlechtlichen Paaren verweigert.

Steuergerechtigkeit herstellen
Besonders eklatant wird die Ungerechtigkeit dort, wo tatsächlich und faktisch Kinder in gleichgeschlechtlichen Lebensgemeinschaften aufwachsen, wo zwei Mütter oder zwei Väter real und gemeinsam Verantwortung für Kinder übernehmen. Eine Co-Mutter, also die nichtleibliche Mutter von beispielsweise vier Kindern – wie in diesem Buch vorgestellt –, ist nicht selten die alleinige oder hauptsächliche Familienernährerin, jedoch zur Steuerklasse I verdammt. Ferner kann sie alle sonstigen Kinderfreibeträge steuerlich nicht geltend machen. Der Vergleich mit einem verheirateten männlichen Familienernährer und nichtleiblichen Vater von vier Kindern bringt in diesem Beispiel einen Unterschied von ca. 500 € monatlich zutage. Die Zwei-Mütter-und-Kinder-Familie hat also 500 € weniger in der monatlichen Haushaltskasse. Dies ist Ausdruck extremer steuerlicher Ungerechtigkeit. Die vielbeschworene Kinderfreundlichkeit hat ihre Grenzen dort, wo die Eltern homosexuell sind. Die Regenbogenfamilie sei eine Herausforderung für das deutsche Rechtssystem, konstatiert der Anwalt Dirk Siegfried in seinem Beitrag für dieses Buch und legt die rechtlichen Defizite und Widersprüche offen. Mit Spannung kann verfolgt werden, wie die politische und rechtliche Auseinandersetzung über die Ansprüche lesbischer und schwuler Co-Eltern geführt wird, auch hinsichtlich einer zweiten Entscheidung des Bundesverfassungsgerichts 2001, die beinhaltet, dass Kinderbetreuung und Erziehung zur Senkung der Beiträge in der sozialen Pflegeversicherung führen.

Wo kommen die Kinder her?
Zwei Mütter mit vier Kindern, zwei Väter mit vier Kinder – wie kann das gehen? Wo kommen die Kinder her? Die Irritation scheint zuweilen so überwältigend zu sein, dass der banale biologische Sachverhalt über den Zeugungsvorgang in Vergessenheit gerät: Ein Kind entsteht durch

die Verschmelzung von Ei- und Samenzelle. An dieser Stelle außen vor bleiben mögliche wissenschaftliche Forschungen und praktische Erkenntnisse über die sog. Jungfernzeugung, also die Entstehung eines Kindes über die Verschmelzung von zwei Eizellen, die utopisch anmutend in Science-Fiction-Romanen beschrieben wird. Wenn eine Frau sich entscheidet, mit einer Frau zusammenzuleben, geht ihr dadurch nicht die Gebärfähigkeit abhanden, genausowenig wie einem Mann die Zeugungsfähigkeit abhanden geht, wenn er mit einem Mann zusammenlebt. Es ist also denkbar und auch gelebte Praxis, dass eine lesbische Frau mit einem schwulen Mann ein Kind zeugt, nach welcher Methode auch immer. Ein völlig legitimer und legaler Vorgang. Viele Lesben und Schwule haben Kinder aus vorigen heterosexuellen Beziehungen, oder sie haben Kinder adoptiert oder zur Pflege aufgenommen. Frauen entscheiden sich zunehmend dafür, sich den Kinderwunsch über Insemination zu realisieren. Insemination bedeutet nichts anderes als das manuelle Einführen von Sperma in die Vagina einer Frau und zwar zum optimalen Fruchtbarkeitszeitpunkt – völlig legitim und legal. Im Familienbuch kommen Mütter zu Wort, die keine Mühen und Kosten gescheut haben, sich auf diese Weise den ersehnten Kinderwunsch zu erfüllen. Die Autorin Silke Burmeister beantwortet praxisnah und offen alle Fragen zum Thema.

Lobbyarbeit für die Kinder organisieren
Erst seit wenigen Jahren werden die homosexuellen Facetten der Familie von wenigen engagierten Autorinnen, Initiativen und Behörden aufgegriffen. So hat z.B. der Fachbereich für gleichgeschlechtliche Lebensweisen im Berliner Senat wegweisende Publikationen veröffentlicht,Tagungen organisiert und den Begriff der Regenbogenfamilie in Deutschland publik gemacht. Die Autorinnen Ulli Streib und Cordula de la Camp sind als Wegbereiterinnen für ein aufgeklärtes Familienverständnis zu nennen. Im Herbst 2000 habe ich gemeinsam mit Elisa Rodé für den Lesben und Schwulenverband das erste LSVD-Familienseminar für lesbisch-schwule Eltern im Sonntagsclub in Berlin-Prenzlauer Berg konzipiert. Die hohe Zahl der Anmeldungen übertraf bei weitem die Kapazitäten. Es bestand ein außerordentlich großes Interesse an Erfahrungsaustausch, Kommunikation und gemeinsamer Lobbyarbeit. Bemerkenswert sind drei Ergebnisse dieses Familientreffens: 1. der klar formulierte Kinderwunsch, vor allem der jungen

lesbischen Frauen, 2. die Forderung nach rechtlicher Gleichstellung, 3. die Sichtbarmachung der Regenbogenfamilie. Infolge dieses Seminars wurde ILSE gegründet. Die Abkürzung steht für die Initiative lesbisch schwuler Eltern im LSVD. Seitdem wurde ein funktionierendes ILSE Netzwerk zur Stärkung sozialer Elternschaft und gleichberechtigter Familie aufgebaut. Auf dem Folgeseminar im Herbst 2001 im Bildungshaus in Oberursel stand die konkrete Auseinandersetzung über das noch junge Lebenspartnerschaftsgesetz, über familienrechtliche Defizite und den notwendigen Reformbedarf im Mittelpunkt. Die Tagung in Oberursel wurde auch dazu genutzt, die Grundsteine für die Familienporträts in diesem Buch zu legen.

Information und Offenheit sind notwendig
Um den verworrenen Mythen über homosexuelle Familienwelten entgegenzuwirken, sind authentische Bilder und Berichte notwendig, die in diesem Familienbuch von Claudia von Zglinicki und Katharina Mouratidi wirkungsvoll in Szene gesetzt werden. An dieser Stelle möchte ich den beteiligten Familien ausdrücklich danken. Das Outing, die schriftliche und bildhafte Darstellung persönlicher Verhältnisse können zuweilen zu Konflikten führen, die die Porträtierten bewusst in Kauf nehmen, um stellvertretend die gesellschaftliche Anerkennung für alle Regenbogenfamilien durchzusetzen. Wie ein roter Faden zieht sich durch alle Porträts, dass Offenheit und der selbstbewusste Umgang der Erwachsenen mit Homosexualität die wesentliche Voraussetzung dafür ist, den Kindern innerhalb und außerhalb der Familie ein positives Selbstbild zu vermitteln und sie gegen Angriffe von außen zu stärken. Die Autorin Sonja Springer vermittelt aus eigener Erfahrung, dass selbst in der schwierigen Phase eines späten Coming out in einer bereits bestehenden Familie nur Ehrlichkeit die Basis schafft, damit alle Beteiligten konstruktiv ihre neuen zukünftigen Beziehungen gestalten können.

Regenbogenfamilien sind Realität
Das normative Bild der Kernfamilie Vater-Mutter-Kind ist längst von der Realität überholt. Wurden in den Siebziger Jahren alleinerziehende Mütter und nichteheliche Kinder quasi wie Aussätzige behandelt, werden sie heute als vollwertige Familien anerkannt. Eheliche und nichteheliche Kinder sind rechtlich gleichgestellt. Die erfreuliche

Reform ist dem jahrzehntelangen Wirken der feministischen Frauenbewegung zu verdanken, die auf die Selbstbestimmung und Gleichberechtigung der Frauen, auf gewaltlose Familienverhältnisse fokussierte und die materielle staatliche Unterstützung für die Kinderbetreuung einforderte. Es scheint folgerichtig, dass es vehement auch feministischer Unterstützung bedarf, um nun die letzte Hürde zu beseitigen und die Gleichberechtigung auch für die Regenbogenfamilien zu erreichen, die mehrheitlich von weiblichen Eltern besetzt sind. Welche Reflexionen und Denkprozesse dazu erforderlich waren und sind, zeigt Halina Bendkowski in ihrem Beitrag. Die Anfang 1999 im Vorfeld der Partnerschaftsgesetzgebung erfolgte weibliche Verstärkung des LSVD war notwendig, um diese Reform erfolgreich auf den gesetzgeberischen Weg zu bringen, denn für die öffentliche Wahrnehmung war es wichtig, die Gleichberechtigung nicht nur für Schwule, sondern auch sichtbar für Lesben zu schaffen. Da die Frauen im LSVD die Familienbelange stärker thematisierten, konnte mit dem kleinen Sorgerecht und einigen weiteren Verbesserungen auch der Einstieg in das Familienrecht gelingen. Für die Durchsetzung der vollen gleichen Rechte wird es bedeutend sein, ob und wie es den Feministinnen und FamilienrechtlerInnen im LSVD zukünftig gelingt, die vorhandene Familienlobby zu stärken und Einfluss zu nehmen.

Regenbogenfamilien als Gradmesser einer emanzipierten Familienpolitik

Die Gleichberechtigung für Kinder und ihre homosexuellen Eltern ist der Gradmesser für eine emanzipierte Familienpolitik, die ernst macht mit der Definition ‚Familie ist, wo Kinder sind'. Dazu ist die Öffnung der Ehe mit dem vollen Adoptionsrecht für gleichgeschlechtliche Paare erforderlich, wie dies in europäischen Nachbarländern bereits möglich ist. Die ideologischen Barrieren, die es zu überwinden gilt, sind vor allem dem starken Einfluss der Kirchen auf die bundesdeutsche Familienpolitik und Gesetzgebung geschuldet. Der tiefverwurzelte Frauen- und Homosexuellenhass der klerikalen Funktionäre wirkt nach wie vor tief in die Entscheidungssphären der Politik und Gerichte. Einige emanzipierte Ausnahmen aus kirchlichen Kreisen sind jedoch zaghafte Anzeichen einer veränderten Einstellung. Die Familienpolitikerin und Bundestagsabgeordnete Margot von Renesse wurde bei ihrem Besuch des Berliner LSVD-Büros anlässlich einer Feier zur Verabschiedung des Lebenspartnerschaftsgesetzes im Herbst 2000 von einer lesbischen Mutter gefragt, warum das Gesetz die familienrechtliche Gleichstellung außen vor lasse. Darauf antwortete Frau von Renesse: „Die Politik braucht Bilder. Schaffen Sie Bilder!". Bitte sehr! Dieses Familienbuch möge auch dazu dienen, die Vorstellungskraft der Abgeordneten zu bereichern, damit sie ihrem politischen Auftrag zu umfassender Familiengerechtigkeit auch für die Regenbogenfamilie nachkommen.

Ida Schillen
Bundessprecherin des LSVD

Erste stellvertretende Oberbürgermeisterin und Senatorin für Jugend, Kultur, Schule und Sport der Hansestadt Rostock

Claudia von Zglinicki
Wir sind immer am Schwätze
Sonja und Antje

Es heißt, über Sonja Springer und Antje Ferchau sollte vor allem deshalb ein Porträt geschrieben werden, weil Sonja ein so spätes Coming out erlebt hat. Sie habe übrigens auch schon Enkel. Nach diesen spärlichen Hinweisen kann man versuchen, sich ein Bild zu machen. Die Realität ist dann ganz anders. Sonja hatte ihr Coming out mit 27. Spät? Sie ist erst 44, eine junge Großmutter, keine klassische wie aus alten Märchen. Und es gibt noch viel mehr Interessantes an diesem Paar: Sonja und Antje. Die Lebensgeschichten der beiden – aus Ost und West, noch dazu mit einem Altersunterschied von neun Jahren – könnten unterschiedlicher nicht sein. Hier die traditionelle Familie, die Sonja adoptiert hatte, mit der strikten Unterordnung unter die engherzigen Glaubenssätze einer Freikirche, dort die Selbstständigkeit einer Frau, die mit der DDR-eigenen Selbstverständlichkeit Studium und Beruf für sich in Anspruch nahm. Gemeinsam sind beiden ihre Aktivität, ihre Offenheit und die oft betonte Besonderheit, die diese Partnerschaft so lebendig hält: „Wir sind immer am Schwätze."

Für Sonja gab es in Worms, dem Ort ihrer Kindheit, in der Familie und der Gemeinde keine Alternative zu Ehemann und Familie. Sie brach die Ausbildung zur Kinderkrankenschwester ab und heiratete. Zwei kleine Söhne hatte sie schon. Die Hochzeit war der einzige Weg, aus dem streng religiösen Elternhaus zu entkommen, Liebe spielte dabei keine große Rolle. Die Ehe dauerte dann nur ein Jahr. Sonja wurde so schnell geschieden, weil die Beziehung als Härtefall galt. Der Mann hatte Sonja immer wieder misshandelt. „Ihr wisst gar nicht, wie viel Gewalt unter dem Deckmantel von Kirche und Glauben herrscht", sagt Sonja heute. Sie denkt dabei auch an die Familie ihrer Eltern, in der es mehr Gewalt gab als Brot, in der sie zu „anders" war, schon als Kind. Sie war burschikos. Mädchen trugen Röcke; sie liebte Hosen. Prügel setzte es für – für alles eigentlich, so erinnert sie sich. Wenn sie die Hosen ihres kleinen Freundes anzog, wenn sie sich auf dem Spielplatz dreckig gemacht hatte. Als sie einmal einen Handwagen ziehen sollte und nur leise „Och" dazu sagte, folgten Schläge. In ihrer ersten Ehe ging es

dann so weiter. Wäre sie nicht aus der Bindung herausgekommen, hätte sie nicht überlebt.
Sonjas Erlebnisse klingen wie aus einem fernen Jahrhundert. Dabei ist das alles noch nicht lange her. Die Adoptivmutter hatte vor allem eins gewollt: diese eigensinnige Tochter, die sich schon mit 14 mal in eine Diakonisse verguckt hatte, in einer ordentlichen Familie unterbringen. Vater – Mutter – Kind. So gehörte es sich. Nur so. Was Homosexualität ist, erfuhr Sonja zu Hause nicht. Sie kannte nicht einmal das Wort.

Die Mutter war es, die Sonja mit den kleinen Jungen wieder nach Hause zurückholte. Sonja war schwer verletzt. Die Scheidung ging dann ganz schnell. Sonjas Mutter hatte bald den zweiten Ehemann für die Tochter parat. Die neue Ehe lief gut. „Mein Mann war herzensgut, er kochte sogar," erzählt Sonja. „Die beiden Mädchen wurden geboren. Wir kauften uns ein Haus, ich bin nebenbei schaffe gegange, im Krankenhaus." Die herkömmliche Rollenverteilung war vertauscht. Er stand in der Küche, Sonja reparierte das Auto. Irgendwann wusste er wohl mehr über Sonja als sie selbst. Er schlug vor, zu einer Eheberatung zu gehen und fragte sie, ob sie vielleicht eigentlich Frauen liebte. Aber für sie galt immer noch, dass nicht sein kann, was nicht sein darf. Eine solche Sünde schon gar nicht. Als aus dem Kontakt zu ihrer besten Freundin dann doch mehr wurde als Freundschaft, sah sie, dass das eigentlich ihr Leben war, die Beziehung zu einer Frau. Sie verdrängte das lange und kam nicht mehr mit sich selbst zurecht. So wollte sie nicht sein. Sonjas Mann wollte die Ehe weiterführen. Nach außen hin sollte sich nichts ändern. Aber bei der Taufe der jüngsten Tochter zeigte sich, dass nichts lange geheim bleiben kann, schon gar nicht in einem kleinen Ort. Sonjas Mutter beobachtete, wie Sonja und ihre Freundin sich küssten, stürzte zu den Gästen und kreischte. Alle flüchteten, die Kaffeetafel fiel aus. In der kommenden Zeit griffen die Leute vor allem Sonjas Mann an. Er sei Schuld, er habe sie sich „nicht ordentlich vorgenommen". Manche drückten es noch deutlicher aus. Schwer vorstellbar, diese Reaktion. Und für ihn offenbar nicht zu ertragen. Er ging eines Tages, er verschwand einfach so, wie im Film. Fuhr zur Nachtschicht und kehrte nicht zurück. 17 Jahre ist das jetzt her. Es kann sein, meint Sonja, dass er sie geliebt hat. Jedenfalls stand sie nun mit den vier Kindern ganz allein da.

Sie war 27 und fing an zu leben. Ein spätes Coming out? Ja, wenn man bedenkt, dass sie vier Kinder hatte und schon zwei Ehen hinter ihr lagen.

Foto: Katharina Mouratidi

Sonja Springer und Antje Ferchau mit Phöbe

Jetzt erst fand sie heraus, wie wenig sie bisher vom Leben wusste. Was in der Kirchengemeinde gesagt wurde, hatte für sie gegolten. Was die Mutter bestimmte, geschah. Sonja kannte kein Kino, keinen Jahrmarkt, schon gar kein Frauencafé. Das Café entdeckte sie während ihres Coming out in Ludwigshafen, es wurde für viele Jahre Familienersatz für sie, sie gründete dort eine Selbsthilfegruppe und blieb fast 15 Jahr lang im Café aktiv. Aber das war später. Jetzt sagte sie sich erst mal von der Gemeinde los, was unendlich schwer war. Die Mutter versuchte, das Sorgerecht für die Kinder zu bekommen. Erst in der dritten Instanz konnte Sonja sich mit Hilfe der Jugendamtsleiterin in Worms durchsetzen und ihre Kinder behalten. Da lagen vier Jahre Rechtsstreit hinter ihr, vier Jahre Angst, die Kinder zu verlieren. 1989 hatte sie es geschafft. Die innere Unabhängigkeit von der Mutter erreichte sie erst viel später.

Sonja hatte begonnen, offen als Lesbe zu leben. Etwas anderes kam für sie nicht in Betracht. Sie hatte nichts mehr zu verlieren. Auch wegen der Kinder gab es keine Wahl. Sie wollte ihnen nichts vormachen. Sie sollten aufrichtige Menschen werden und das ging nur, wenn sie die Mutter ebenso ehrlich erlebten. Wenn Sonja und Antje heute über ihr Coming out und das Leben von Lesben mit Kindern sprechen, wenn sie andere Frauen beraten, reden sie immer darüber, wie wichtig es ist, mit den Töchtern und Söhnen ehrlich zu sein. Dass ein Leben in Lüge mit Kindern nicht möglich ist.

Es kam Sonjas härteste Zeit. Der Mann weg, gegen die Mutter Prozesse zu führen. Das Haus verloren, weil es noch nicht schuldenfrei war. Das Sozialamt wies ihr und den Kindern eine Wohnung in einer Gegend zu, die ein sozialer Brennpunkt war. Sie wusste nach der ersten Nacht, wo sie gelandet war. Sie lernte schnell, was das hieß; notfalls ging sie mit einem Schlagring in der Tasche aus, nachdem drei Frauen sie verprügelt hatten. Sie ging erhobenen Hauptes herum und hatte von da an ihre Ruhe, aber sie begriff auch, dass es fast unmöglich war, diese Gegend wieder zu verlassen. Eigentlich ging es nur mit den Füßen zuerst – oder auf dem Weg in den Knast. Die Adresse stigmatisierte alle, die hier wohnten. Zuerst beschloss sie: „Niemals bleib ich hier, nicht ein Weihnachtsfest!" Fünf Weihnachten feierte sie dann dort, mit den Kindern und einer Partnerin. Krach über die Sozialhilfe wegen angeblicher Schwarzarbeit und Auseinandersetzungen mit Verwandten gehörten zu den fünf Jahren dazu. Dass Sonja die verrufene Gegend endlich doch verlassen konnte, verdankt sie auch ihrem Bruder, der ihr von einem leeren Häuschen in seiner Nachbarschaft erzählte. Sie schaffte es und zog aufs Land, was sich leicht liest, aber noch mal lange dauerte, denn das Sozialamt, „das dich besitzt", wie sie es treffend ausdrückt, muss mit dem Umzug einverstanden sein. Das Amt in Worms – konkret ein Onkel von Sonja – stimmte nicht zu. Über ihn hatte die alte Kirchengemeinde plötzlich wieder mitzureden. Endlich ging Sonja einfach, zog ohne Erlaubnis aufs Dorf und verzichtete auf ein oder zwei Monate Sozialhilfe. Die neuen Nachbarn akzeptierten sie, die Leute auf dem neuen Amt kannten sie nicht und verhielten sich normal, normal freundlich. Auf dem Dorf war am wichtigsten, dass die Frauen ordentlich grüßten und die Straße fegten. „Wenn du die Gass` nicht kehrst, das ist schlimmer, als wenn du lesbisch bischt!"

Über Sonjas Lebensgeschichte kann man nächtelang reden. Viele Leute sagen, sie könnten aus ihrem Leben einen Roman machen; Sonja gehört möglicherweise zu denen, die tatsächlich genug Stoff dafür hätten. Die Erfahrungen mit Männern und Glaubensgemeinschaften. Das Leben mit Söhnen und Töchtern. Das vor allem für sie selbst unerwartete Herausfinden dessen, was sie wirklich will, nämlich Hosen anziehen (siehe frühe Kindheit), Autos reparieren (siehe zweite Ehe), mit Holz arbeiten, unabhängig sein und eine Frau lieben. Die innere Abhängigkeit von der Mutter, auf andere Weise wiederholt in der Beziehung zu einer Freundin. Die Erfahrung, wie es ist, wenn eine Partnerin mit Selbstmord droht und nicht nur droht. Und Sonja hat noch viel mehr zu erzählen. Für alles ist hier nicht Platz. Aber es wird Zeit, dass Antje ins Spiel kommt, die neun Jahre Jüngere aus Sachsen-Anhalt, die in Weimar Bauwesen studierte, nebenbei in einem Kabarett mitwirkte und Stadtplanerin ist. Für die Sonjas Kinder und Enkel wichtig geworden sind.

Eine Freundin hatte Antje von Sonja erzählt. Wie stark die sei und wie wunderbar die Familie mit Sonjas Kindern und ihrer Partnerin. Natürlich – was ging jemals glatt in Sonjas Leben? – gab es Verwicklungen. Sonjas Partnerin war an Antje interessiert, die komplizierte Situation wurde dramatisch, Sonja wurde schließlich von der Ex-Frau heftig gegen die gläserne Haustür geschleudert und Antje war da, um zu helfen. Fast fühlte sie sich schuldig an dem Schlamassel, obwohl sie eigentlich nichts getan hatte, aber auf jeden Fall wollte sie dem zitternden Bündel, das Sonja plötzlich war, beistehen. Sie schaffte das auch. Sonja zog aus, weg von der früheren Partnerin, in eine kleine Wohnung im Nachbardorf, damit keine Frau mehr auf die Idee kommen könnte, bei ihr und den Kindern einzuziehen, damit endlich Ruhe herrschen würde. Sie wollte allein mit den Kindern leben. Trotzdem spürten beide, Sonja und Antje, ein Gefühl für die andere. Sie wehrten sich beide dagegen, aber es half ihnen nichts. Kitschig klingende Sätze können Realität werden: Die Liebe war stärker als irgendwelche Vernunftgründe. Die neue Wohnung war doch nicht klein genug und vielleicht hätte auch eine Kammer gereicht. Seit 1994 besteht die Beziehung inzwischen, seit 1995 wohnen die beiden Frauen zusammen. Sonjas Söhne leben seitdem nicht mehr bei der Mutter, die Töchter Rebecka und Phöbe, 19 und 17, leben bei den Frauen. Sonja hat eine Ausbildung zur Schreinerin absolviert, obwohl sie immer gedacht hatte, so ein Beruf wäre für eine Frau nicht möglich, und zusammen hat das Paar vieles von dem erlebt und nachgeholt, was die Ältere noch nicht kannte. Mit Antje war Sonja zum ersten Mal im Theater und in einer Bibliothek. Die Lebenserfahrungen der Frauen unterschieden sich sehr. Dadurch begann die Sache mit dem ewigen „Schwätzen". Antje geht in die Bibliothek? Ja, kann man das denn einfach so? Fragen über Fragen. Wie hast du gelebt, wie ich? Was galt bei dir zu Hause, was bei mir? Antje ist atheistisch erzogen worden und hatte eine glückliche Kindheit. Mit 17, 18 spürte sie, dass sie anders war als andere Frauen. Lange Zeit lebte sie ihre erste Beziehung verdeckt. Die Frage, ob sie ein Ost-West-Problem hätten, versteht Sonja zuerst gar nicht. Nein, sie haben keins. Sie hatten und haben immer viel zu erzählen und zu besprechen, fast ununterbrochen. Im ersten halben Jahr ihrer Beziehung wurde „eigentlich nur geredet", so haben sie sich wirklich kennen gelernt.

Brüche, Zeiten der Ungewissheit hat auch Antje erlebt. Sie schrieb ihre Diplomarbeit über Vietnam, sollte 1990 dorthin gehen. Durch das Ende der DDR war das nicht mehr möglich, sie ging erst einmal nach Darmstadt, zog dann nach Worms. Ihre erste Beziehung zerbrach, weil die Freundin sich in einen Mann verliebte. Anderthalb Jahre hat Antje gebraucht, um das zu verstehen und eigene Versuche, auch selbst wieder „umzudrehen" als gescheitert abzuschließen. Das „Experiment Mann" war für sie nicht erfolgreich gewesen, weniger wegen der Sexualität, mehr wegen der Probleme, die sie mit dem gemeinsamen Leben hatte, wegen der üblichen Rollenverteilung, die sie ablehnt. So erlebte sie ein zweites Coming out in dem Wissen, dass diese festen Kategorien hetero-, homo- und bisexuell nicht ihre sind. Dass sie aber im Zusammenleben von jeder der klassischen Rollen etwas übernehmen möchte. Nur nicht eingezwängt sein in ein Klischee, welches auch immer. Denn sie passt in keines. Mit Sonja kann Antje diesen Anspruch umsetzen und von außen gesetzte Grenzen sprengen. „Bei uns hat jede von jeder Rolle etwas", sagt Antje. „Ich verdiene mehr, ich bin der Ernährer der Familie. Ich habe andererseits den größeren Anteil an femininen Eigenschaften. Ich koche und gärtnere, ich bin die Mütterliche, Umsorgende, aber ich habe auch einen Berufsabschluss als Maurer, zwischen Abitur und Studium hab ich den Beruf erlernt." Maurerin – die deutsche Sprache oder ihre Nutzerinnen und Nutzer weigern sich, dieses Wort in den Alltagsgebrauch aufzunehmen. Aber Antje ist kein Maurer; wer sie sieht, wird das sofort bestätigen. So viele Widersprüche scheinen in einer Person zu liegen, wenn man von traditionellen Bildern ausgeht, wie eine Frau zu sein hat. Aber warum sollte man, warum sollte frau das tun?

Sonja und Antje haben sich gemeinsam ein mehr als 300 Jahre altes Haus gekauft, in dem sie nun umbauen, was nötig ist. Sonja, die Schreinerin, tischlert Möbel für die Familie. Sie ergänzen sich gut. Sonjas große Tochter Rebecka wird Tierarzthelferin, Phöbe absolviert das Vorpraktikum als Erzieherin. Es könnte sein, dass Rebecka Frauen lieben wird. Phöbe will, sagt sie, eine klassische Familie haben: Frau, Mann, Kind. Wie ihre Brüder empfindet sie Sonja, die Mutter, eher als Vater - härter als Antje, männlicher eben. Sonja sagt über sich selbst, ihr fehle die mütterliche – ja, wie soll sie das nennen? Phöbe weiß es: mütterliche Sorgfalt. So beendet sie den Satz der Mutter. Über Mütterlichkeit, über Frauen und Männer sprechen sie offen. Sonja meint, dass sie keine Kinder bekommen hätte, wenn sie damals geahnt hätte, „dass man so leben kann, wie man fühlt". Aber sie wusste es nicht und niemand verriet es ihr. So sind die Kinder da, es sind inzwischen junge Erwachsene, und es ist ein Glück, dass sie da sind. Auch für Antje, die Schwangerschaft und Geburt für sich ablehnt und erklärt, ihr Egoismus sei außerdem zu groß für ein Baby. Gegen diese Selbsteinschätzung spricht, wie Antje von Sonjas Enkeln spricht, den kleinen Jungen von Sonjas älterem Sohn: „Ich überspringe eine Generation, ich habe keine Kinder, aber auf einmal Enkel!" Sicher, Antje ist zu jung, um für Sonjas ältere Kinder noch eine Art Co-Mutter zu sein, aber kommt es darauf an?

Claudia von Zglinicki
Kampf der Co-Mütter
Silke und Petra

„Wir wollten eigentlich eine große Reise ins Warme machen, nach Amerika fahren und danach ein Kind bekommen", erzählt Petra Ruf, Oberschwester auf der kardiologischen Station eines Hamburger Krankenhauses. Seit acht Jahren lebt sie mit Silke Burmeister zusammen. Silke, die jetzt Burmeister-Ruf heißt, kümmert sich beruflich um die EDV-Anwendungsberatung in der Klinik, in der auch Petra arbeitet. Sind es nun wirklich schon acht gemeinsame Jahre oder erst sieben? Sie wissen es nicht genau, sie zählen die Jahre nicht, sagen sie. Anna plus anderthalb, so rechnen sie. Anna ist ihre Tochter. Jakob ist ihr Sohn. Verheiratet, offiziell: in eingetragener Lebenspartnerschaft lebend, sind die zwei Frauen seit dem 1. August 2001.

Kinder haben sich Silke und Petra immer schon gewünscht. Und dann wollten sie – Reiseplanung hin oder her – nicht länger auf ein Baby warten. In einer Gruppe von Lesben mit Kinderwunsch hatten sie gesehen, wie lange es dauern kann, bis eine Frau durch Insemination schwanger wird. Wenn das so ist, sagten sie sich, können wir ebenso gut gleich anfangen mit den Inseminationsversuchen und nicht erst nach der Reise. Mit Kindern kann man schließlich auch in Urlaub fahren. Dann ging es wider Erwarten ganz schnell. In Amerika waren Petra und Silke inzwischen immer noch nicht, aber Anna ist jetzt fünfeinhalb. Jakob wurde im Oktober vier. Und die weite Reise kommt noch, vielleicht sogar bald.

Petra sollte das Baby austragen. Dafür gab es viele Gründe. Für sie war es einfacher, eine Zeit lang mit der Arbeit aufzuhören und dann wieder einzusteigen. Silke verdiente mehr, das klassische Argument. Und Petra wollte gern schwanger werden. Die beiden Frauen baten einen der Brüder von Silke, Samenspender für das Kind zu werden. Es war kein einfaches Gespräch. Auf einer gemeinsamen Radtour an der Elbe tasteten sie sich langsam an das Thema heran. Nur direkt gefragt haben sie ihn nicht. Es war irgendwann klar, was sie wollten und wie die Antwort lautete. Den Herzenswunsch konnte er der Schwester kaum abschlagen. Die Verantwortung lag bei den Frauen. Sie wussten, wenn sie ihn fragen, sagt er Ja.

Beide hatten sich das so überlegt; Silke wollte das Baby dadurch „so nahe wie möglich" an sich heranholen. Sie ist nun die Co-Mutter, aber sie ist auch mit dem Kind verwandt, körperlich mit ihm verbunden, das bedeutet ihr viel. Es erschien ihr natürlich, ihren Bruder zu fragen - ähnlich wie bei einer Organspende. In einem solchen Fall, wenn sie zum Beispiel eine Niere gebraucht hätte, hätte auch einer ihrer Brüder geholfen. Warum also nicht, wenn es um ein Kind ging? Silke erklärt es witzig, aber es ist mehr als ein Gag: „Ich leide einfach unter Zeugungsunfähigkeit, unter der krassesten Form von Zeugungsunfähigkeit, wenn du so willst. Dass man sich dann innerhalb der Familie hilft, fand ich am natürlichsten." Man - oder frau - muss sich vielleicht erst hineindenken in diese Überlegung und kann den Weg dann für sich selbst ablehnen oder sinnvoll finden; auf jeden Fall muss die Entscheidung von Silke und Petra akzeptiert werden. Eine Allheilmittel, um mit allen Schwierigkeiten des Lebens als Co-Mutter fertig zu werden, ist aber auch diese Art der Familienplanung nicht. Silke empfindet es trotz der von ihr so gewollten Familienkonstellation noch als schwierig genug, die zweite, nicht-leibliche Mutter zu sein. Obwohl sie zugleich die Tante ist, ist sie eben „nur" die Co-Mutter, also die, die missachtet und übersehen werden kann, wenn die Umwelt das so will. Silke befürchtet, dass die Kinder ihr nicht nahe genug kommen. Dass sie rechtlich als Co-Mutter keine Beziehung zu ihnen hat, ist für sie ein emotionales Problem, nicht nur ein sachliches. Sie weint manchmal darüber und reagiert hin und wieder hektisch und jenseits aller Logik. Ja, sie ist die Mutter, das weiß sie. Und ist es doch nicht. Es bleibt eine verwundbare Stelle. Anna hat zuerst zu Petra „Mama" gesagt und zu Silke „Silke" oder „Mama Silke". Dann sagte sie nur noch „Silke" und „Petra". Aber es kränkte Silke doch. Die Tochter sollte lieber auch „Mama" zu ihr sagen. Sie korrigierte die Kleine immer wieder, sie brauchte das. Nur „Silke" für die Tochter zu sein, das konnte sie nicht ertragen.

Jakob ist das zweite Baby der Familie, er hat dasselbe leibliche Elternpaar, nach dem Motto „Never change a winning team", wie die Frauen lachend erklären. Er war anfangs nur auf Petra fixiert und schrie, wenn andere ihn auf den Arm nahmen. Ein Schmusekind und zugleich ein anstrengendes Baby, das sich selbst von Silke nur selten beruhigen ließ. Die hatte dann zuerst engeren Kontakt zu Anna, wie es in anderen

Foto: Katharina Mouratidi

Silke Burmeister-Ruf und Petra Ruf mit Anna und Jakob

Familien oft bei den Vätern ist: Sie kam nach Hause und spielte mit der großen Tochter, denn Petra musste sich um das Baby kümmern. Aber seit Silke halbtags arbeitet und Petra den ganzen Tag außer Haus ist, musste Jakob sich umstellen und auch Silke als Mama akzeptieren.

Der Samenspender und Onkel der Kinder gehört zur Familie, nach den beiden Müttern ist er die wichtigste Bezugsperson für die Kleinen. Offiziell haben Silke und Petra ihn nie benannt, auch nicht bei der Geburt der Babys im Krankenhaus. Sie wollten von Anfang an alles versuchen, um für sich als Eltern alle Rechte zu bekommen. Alles, was möglicherweise dagegen gewirkt hätte, vermeiden sie. Im Notfall würden sie den Samenspender aber angeben – wenn Petra etwas passieren würde zum Beispiel. Oder wenn die beiden Frauen sich trennen sollten. Denn auch wenn sie jetzt alles so gut wie möglich regeln wollen, glauben sie doch nicht, dass sie im Falle einer Trennung nobler wären als andere Paare und fair und ohne Hickhack über die Kinder auseinandergehen könnten. „Wenn ich mich trenne", meint Petra, „dann doch nicht, weil ich Silke noch sehr mag. Warum sollte ausgerechnet ich dann so gut sein, zu sagen: Gut, Schatz, wir gehen zwar auseinander, aber über die Kinder einigen wir uns friedlich. Das ist eine Illusion. Wir sind beide viel zu stark, um in einer solchen Situation nachzugeben." Silke ergänzt sie noch: „Wir sind auch zu streitsüchtig. Wir würden uns nicht harmonisch trennen, dafür lege ich meine Hand ins Feuer." Aber vor allem würden sie wohl beide die Tochter und den Sohn nicht aufgeben wollen. In dieser Situation wäre es für Silke eine Hilfe, den biologischen Vater anzugeben und damit deutlich zu machen, dass sie mit den Kindern verwandt ist und nicht nur eine – juristisch betrachtet – fremde Person. All` diese Überlegungen gehen aber vom Notfall aus; von einer Trennung ist zwischen Silke und Petra nur theoretisch die Rede, in dem Bemühen, realistisch einzuschätzen, was dann geschehen könnte und wie einem Verlust der Kinder für beide Mütter vorzubeugen wäre. Dass es wirkliche juristische Sicherheit für die Co-Mutter bisher nicht gibt, wissen beide.

Nach der zweiten Entbindung war Petra fast traurig, dass dies nun das letzte Mal gewesen sein sollte. Das Erlebnis, wie ein Kind in ihr wuchs und wie es sich dann in der Familie entwickelt, war – ist – großartig. Also ein drittes Kind? Vielleicht. Wenn, dann würde Silke es zur Welt bringen. Bis sie vierzig sind, geben sie sich noch Zeit, das zu entscheiden, runde fünf Jahre. Aber haben sie nicht schon jetzt den perfekten Rahmen für ihre Familie? Es bleibt Silkes Gefühl, einen „leeren Bauch" zu haben. Außerdem hält sie die Beteuerungen anderer lesbischer Mütter, es sei schließlich ganz egal, wer das Baby zur Welt gebracht hat, für falsch. Sie weiß, wie wichtig es ist - juristisch, aber auch für die Beziehung. Als sie einmal an einer Arbeitsgruppe für Co-Mütter teilnahm, stellte sie erleichtert fest, dass sie nicht die Einzige ist, die sich in dieser Situation verunsichert fühlt. Auch andere hatten schon monatelang über die Frage gegrübelt, ob sie überhaupt sagen dürften: „Das ist mein Kind." Ob das nicht Hochstapelei wäre. Ob sie nicht immer „unser Kind" sagen müssten. Wenn die Beziehung auseinander geht und damit auch die Beziehung der Co-Mutter zum Kind abbricht, dann zeigt das doch, dass vorher alles Lüge war und nun die knallharte Realität bestimmt, zu wem das Kind gehört – oder?

Petra und Silke führten und führen Prozesse, um gleiche Rechte für beide Mütter durchzusetzen. Im Laufe dieser ständigen Kraftproben bestätigten die Gerichte es Silke immer wieder, Schwarz auf Weiß: „Es sind nicht Ihre Kinder. Sie sind nicht der Vater, Sie haben mit den Kindern nichts zu tun." Aber Silke hat sich klar entschieden. Sie wird nirgendwo sagen, dass sie mit diesen Kindern nichts zu tun hat. Warum auch?

Petra nahm drei Jahre Erziehungsurlaub und Silke ernährte die Familie. Den kinderbezogenen Ortszuschlag des öffentlichen Dienstes zahlte man ihr aber nicht. Im Rechtsstreit darüber gab es einen Vergleich, der mehr Ruhm als Geld brachte. Aber für nachfolgende Paare in derselben Situation ist nun erstritten, dass auch die Co-Mütter diesen Zuschlag erhalten werden. Dann wollte Silke die Tochter und den Sohn auf ihrer Steuerkarte eintragen lassen. Sie hat immer versucht, alle Rechte eines Vaters durchzusetzen, oft vergeblich. Die Frauen meinen, dass ihnen wegen aller steuerlichen Nachteile, verglichen mit einem heterosexuellen Ehepaar, bisher etwa 30.000 Mark verloren gegangen sind. Zurzeit streiten sie über die Übertragung des Kinderfreibetrags auf die Steuerkarte von Silke. Die Sache ist noch offen. Die Homosexuelle Selbsthilfe unterstützt die Frauen bei dem Prozess, der als Muster durch alle Instanzen durchgefochten werden soll. Silke will das durchstehen, bis zum Schluss. Sie geht bis vor das Bundesverfassungsgericht mit ihrer überschäumenden Zivilcourage, die sie für einen solchen Instanzenweg auch braucht. Im Hintergrund des Streits steht die Frage, ob Co-

Mütter Stiefeltern sind. Rechtlich sind sie das nicht. Rechtlich sind sie in Deutschland immer noch nichts – für das Kind.

Schwierig ist, dass der rechtsfreie Raum auch die Beziehung der beiden Frauen belastet. Sie haben keine Möglichkeit, sich gegenseitig abzusichern. Petra sagt: „Für Silke gibt es jede Menge zu tun, aber nichts wirklich zu erreichen. Wir prallen deshalb auch öfter aufeinander, weil ich mich nicht bewegen muss und Silke sich ununterbrochen bewegt. Ab und zu eskaliert das dann, sie reagiert auch irrational, weil sie nichts ändern kann und ich keines von meinen Rechten hergeben muss oder will." Silke will sich die Rechtlosigkeit nicht bieten lassen. Alles, was sie kann, wird sie versuchen, um ihre Lage zu verbessern. Eine schwierige Auseinandersetzung hatten beide darüber, ob Silke eines der Kinder adoptieren soll. Petra hatte es ursprünglich versprochen; Silke wollte, dass das Versprechen eingelöst wird, aber Petra konnte dann doch nicht zustimmen. Sie konnte kein Kind abgeben, obwohl sie es erst so geplant hatte. Es ging nicht. Silke versteht das, aber sie kann es der Frau, die sie liebt, trotzdem nicht verzeihen. Sie sagt das leise und undramatisch, ohne besondere Aufregung, aber sie sagt es. Die Beziehung gefährdet das nicht, aber es ist keine Kleinigkeit; so existenziell wirken die Auseinandersetzungen um rechtliche Fragen sich auf das tägliche Zusammenleben aus. Es geht dabei eben um viel mehr als nur darum, wer auf einem Formular eingetragen wird. Viele Dinge im Leben lassen sich regeln, indem man etwas unternimmt oder auf etwas verzichtet. Aber hier können die Frauen zurzeit tun, was sie wollen; eine Veränderung liegt nicht in ihrer Macht. Nicht einmal die freie Wahl des Familiennamens haben sie.

Doch auch in einer Familie, die sich bemüht, locker an eine möglicherweise bevorstehende Auseinandersetzung vor dem Bundesverfassungsgericht zu denken, wird Alltag gelebt. Eigentlich wie überall. Fast wie überall. Petra, die Frau, die die Kinder geboren hat, arbeitet im Krankenhaus, volle acht Stunden täglich und in Schichten. Zu Hause putzt sie zum Beispiel die Fenster, Silke bügelt dafür. Petra bemüht sich, wertfrei zu formulieren: „Wir haben beide immer ein unterschiedliches Verhältnis zum Haushalt gehabt." Silke übersetzt den Satz: „Petra meint, sie kann das alles besser!" Seit dem Rollenwechsel – Petra nicht mehr zu Hause, Silke in einem Halbtagsjob – ist die Arbeit zu Hause gerechter verteilt. Es sieht manchmal kunterbunt bei ihnen aus, aber das nervt inzwischen beide, nicht nur Petra. Was anders ist als bei herkömmlichen

Familien, war vor allem der Rollenwechsel der beiden Mütter, als Anna drei wurde. Jakob war anderthalb. Und Petra wollte wieder arbeiten. Sie leitet seitdem wieder eine Station in der Klinik. Vielleicht verändern die beiden Frauen ihre Arbeitseinteilung später noch einmal. Petra hätte gern regelmäßig die Wochenenden frei, dafür müsste Silke länger arbeiten, sonst reicht das Geld nicht. Veränderungen in der Stundenzahl wären im Prinzip bei beiden möglich, aber das sind bisher nur erste Überlegungen. Wenn Anna in die Schule kommt, werden die Mütter ihren Alltag ohnehin neu überdenken müssen. Bisher haben sie die Erfahrung gemacht, dass eine neue Situation oft anders wird, als sie es erwartet hatten. Manches lief auch einfacher, als sie vorher befürchtet hatten. Wer der Samenspender für die Kinder war, wissen zum Beispiel inzwischen alle in der Familie und viele Freunde. Die Reaktion bei allen war positiv und unkompliziert. Wenige Leute hatten übrigens vorher gefragt, wer eigentlich der Vater sei.

Halina Bendkowski
Das rosa Schaf und die schwarze Familie

Zur Verteidigung des Feminismus – geordnete Erinnerung an einen Vortrag über den „Familienbegriff im Wandel", der im September 2001 vor lesbischen Müttern und schwulen Vätern gehalten wurde

Liebe Kinder, liebe Mütter, liebe Väter, meine sehr verehrten Lesben und Schwule, sehr geehrtes Publikum!

Wir alle kennen die Geschichte des schwarzen Schafs in der Familie?

Nun – das waren meistens wir. Die Lesben und Schwulen jener Zeit, wir, die in der sexualwissenschaftlichen Literatur, wenn überhaupt als „sexuell deviant"= sexuell abweichend erwähnt und katalogisiert wurden.

Für unsere Elterngeneration, die in der Nazizeit sozialisiert wurde, waren und blieben wir die Perversen.

Das perverse Stigma war vor allem eine Liebesherausforderung für und an unsere Eltern und Geschwister. Allerdings war deren Liebe für uns meistens überfordert - wenn ich an die vielen ‚verlorenen Schafe' zurückdenke, denen ich im Laufe meines Lebens begegnet bin.

Viele, die sich in der Folge von '68 öffentlich outeten, wurden von ihren Familien verstoßen, denn die Familie als Normvorstellung fühlte sich von der Normabweichung der Homosexualität bedroht, behauptete die Familiensoziologie, die sich in ihrer vermeintlichen Objektivität für die von ihr präferierte Familienpolitik nicht verantwortlich fühlte.

Die Universalität der Kernfamilie, wenn auch in der westlichen Welt im Zerfall begriffen, wurde und wird noch immer als Familienideal behauptet: Vater, Mutter, Kind.

Vater verdient genug, damit Mutter zuhause bleibt und gut genug ist, das Kind oder die Kinder ordentlich zu erziehen.

Wenn dieses Ideal wohl schon immer mehr eine Idylle war, allerdings wie alle kollektiven Idyllen wirkungsmächtig, hat es in Deutschland noch keine Kritik geschafft, dass die Familienpolitik sich an der Wirklichkeit der Familien orientiert. Die Kritik der Frauenbewegungen am patriarchalischen Familienoberhauptmodell zeigte in den 70er Jahren des vorigen Jahrhunderts zumindest den Effekt, dass dem Familienoberhaupt rein rechtlich die Frau gleichgestellt wurde. Im Konfliktfall hatten beide Elternteile nun einen Ausgleich zu erreichen, anstatt der herkömmlichen Einfachheit halber dem Mann, den Stichentscheid zu überlassen. Da aber, anders als in anderen europäischen Ländern, für die Kinderfürsorge (Ganztagskindergärten und -schulen) gesellschaftlich keine Verantwortung übernommen wurde, blieb in Deutschland fast alles beim alten. Die Frauen blieben in der Mütterfalle, und manche erzogen ihre Töchter mit dem geheimen Auftrag (Lising Pagenstecher), sich soviel Schmach nicht mehr bieten zu lassen. (Vortrag wurde aus westdeutscher Sicht geschrieben!) Die Bundeszentrale für politische Bildung in Deutschland hatte sich in ihrer Westgeschichte absolut nicht verdient gemacht, frauen- und lesbenpolitisch die Geschlechterdemokratie in der BRD zu befördern, was nicht bedeutet, dass in ihrer aktuellen Ausgabe:

Kleines Lexikon der Politik (2001) zum Stichwort Feminismus (F.) und Frauenpolitik forsch unbeteiligte Résumés gezogen werden. Eine Tanja Zinterer schlussfolgert:

„Im Zuge der Erfolge des F. im Abbau rechtl. Diskriminierungen von Frauen und ihrer weitgehenden Integration im öffentlichen Leben verlor die Frauenbewegung zunehmend an Stoßkraft. Lediglich der radikale F. blieb erhalten und setzt sich auch in Form der Lesbenbewegung fort." Und was sie als radikalen Feminismus ausweist, ist der Wunsch nach „Veränderung der Geschlechterbeziehungen im privaten Bereich, da er in der patriarchalisch dominierten Familie und der geschlechtsspezifischen Sozialisation die eigentlichen Wurzeln weiblicher Unterdrückung verortete."

Jawohl, genau das war und ist auch noch so.

Ich zitiere diesen lexikalischen Verweis der Bundeszentrale für politische Bildung so korrekt, um folgendes für kommende Generationen zu klären:

Es sollte kein Geheimnis bleiben, dass die Lesben in der feministischen Frauenbewegung nach '68 einen bedeutenden Anteil hatten. Und ich will es besonders in dieser Runde, vor einem von uns damaligen Aktivistinnen, historisch nicht erwarteten Publikum, was Sie repräsentieren, bestätigen: Wir hatten eine Befreiung im privaten Bereich verdammt bitter nötig. Deswegen machte besonders die Losung 'Das Private ist politisch' für uns Lesben und Schwule Sinn. Die Familienideologie schloß uns nicht nur aus, sie behauptete, wir wollten durch unsere dekadente Devianz die Familie zerstören.

Bevölkerungpolitisch gesehen waren wir irrelevante ‚Blindgänger' (Naziterminologie) und moralisch als Abschaum abgelehnt.

Bitte entschuldigen Sie die Vulgarität der Erinnerung, die aber so fern nicht ist, wenn ich an manche Auseinandersetzungen mit politischen VertreterInnen aus Parteien und Kirchen im Rahmen unserer LSVD Bemühungen um rechtliche Gleichheit denke. Doch mehr als 30 Jahre zurück entstand dank des STONEWALL-Aufruhrs in New York eine internationale Befreiungsbewegung der Lesben, Schwulen und vor allem angeführt durch Transsexuelle, die sich zum ersten Mal mit Gewalt gegen die Gewalt der polizeilichen Einschüchterung wehrten und unser aller Selbstrespekt beförderten. Danach wusste die Polizei, dass die ‚gays' sich nicht mehr als Schafe behandeln ließen. Wie es der Zufall an historischer Gerechtigkeit wollte, war der Bruder des damaligen republikanischen Bürgermeisters von New York schwul, und diesmal war die Entscheidung für die Bruderliebe von weitreichender Bedeutung für alle. Der Bürgermeister verbot nach Stonewall die Razzien in den Bars der Gays, was einer ersten Entkriminalisierung zumindest im Privaten gleichkam.

Nicht alle wissen mehr, wie ich auch von Tischgesprächen aus diesem Kreis weiß, dass die alljährlichen CSD-Paraden weltweit, sich genau auf die Stonewall-Proteste von 1969 beziehen. Wenn man sich die Geschichte der CSD-Paraden vergegenwärtigt, erfährt man auch etwas über unser aller Geschichte. Zuerst trieb die AktivistInnen eine revolutionäre Hoffnung auf gesellschaftliche Veränderung auf die Straßen. Es sollte eine grundsätzliche Veränderung werden, die der Repression in der Kleinfamilie die Grundlage entzog.

Wir ließen uns mit der Verachtung für die Familie von Karl Kraus trösten, denn auch für viele von uns waren die von ihm zu Bewusstsein gebrachten ‚Familienbande' („Das Wort Familienbande hat einen Beigeschmack von Wahrheit.") tatsächlich die korrektere Beschreibung unserer Erfahrung; unseres Ausschlusses aus der Familienidylle. Wir wurden als schwarze Schafe behandelt, obwohl wir eigentlich nur rosa waren. Viele Eltern meiner Generation wollten mit den rosa Schafen noch weniger zu tun haben als mit den wirklich schwarzen, die sie sich als verlorene Söhne meistens biblisch zurücksehnten und auch wieder in die heilige Familie reintegrieren wollten. Wir waren eine Schande für die Familie und für viele besser tot. Wir sahen rot. Aus der familiären Ablehnung entstand auch unsere gegen sie, und wir konnten sie sogar soziologisch inszenieren.

Fast nirgendwo wurde die Familie ihrem Anspruch auf Liebe und Sicherheit gerecht. Ganz im Gegenteil, die Männergewalt gegen Frauen und Kinder schien den repräsentativen Männern im politischen Establishment kein Problem zu sein, welches sie adressieren wollten.

Das kam in den besten Familien vor. Wir Feministinnen skandalisierten die Normalität der Gewalt in der Familie. Ihr Zerfall war unaufhaltsam und wir wollten dabei nicht stören. Wenn die Familie die Zelle des Staates war, mussten wir uns über den Zustand der Gesellschaft andere Gedanken machen. Und das taten wir auch. Welch gute Aufklärungsarbeit dabei die Feministinnen geleistet haben, ist vielleicht auch schon in diesem Kreis relativ junger Mütter und Väter vergessen, die sich nichts sehnlicher wünschen, als als Familien anerkannt zu werden.

Die feministische Kritik galt zu ihrer Ehrenrettung einer Familienideologie, die die harte Kernfamilie zum Modell machte und eben Entwicklungen, wie Sie sie heute repräsentieren niemals im Sinn hatte.

Der lustbetonte Hedonismus der ‚Perversen' wurde der erstaunten ‚normalen' Gesellschaft in den 70ern, besonders von den Schwulen brühwarm vorgehalten. Wir begannen uns auch öffentlich über den Kleinfamilienhorror zu amüsieren.

Da auch die Heterosexuellen an der Repression in der Kleinfamilie litten, hatten viele von ihnen ein offenes Ohr und Auge für die Exzesse der ästhetischen Avantgarde, die von den Medien durchaus begierig und mit Schaudern über die Kanäle versandt wurden. Die CSD-Paraden wurden zum größten PR-Ereignis, sowohl zum Vor- wie auch Nachteil einer sexuellen Minderheit, die auf die Aufklärung der Mehrheitsgesellschaft setzen muss, damit diese die vollen Menschenrechte auch für die Minderheit erreichen will.

Und Demokratie für uns Lesben, Schwule und Transsexuelle war und ist den DemokratInnen unserer Parteien nur ein Randthema, was uns zwang, unsere sexuelle Orientierung zum Hauptthema zu machen.

Einerseits hat die selbstbewusste homosexuelle CSD-Demonstration mehr zur allgemeinen Erleichterung eines Coming out beigetragen als all unsere Bemühungen in unendlichen Debatten zur Befreiung von einer repressiven Sexualmoral, die um die potentielle Bisexualität aller Menschen wusste. Andererseits hat die zwanghafte Zuschaustellung einer Dauererektion auch viele Homosexuelle abgeschreckt und einen enormen Attraktivitätsdruck erzeugt, der so unrealistisch war, wie die massenmediale Reduzierung darauf. Dass Lesben und Schwule auch ganz ‚normale' Bedürfnisse nach familialem Leben und ihrem Versprechen nach Geborgenheit hatten, blieb zu lange außerhalb des Images einer unbürgerlichen Minderheit. Dabei erfüllten sie häufig mehr das Wunschdenken einer exzessorientierten pornographischen Phantasie, die sich schwer mit dem Alltag verbinden ließ.

Und doch war auch der Alltag für die Homosexuellen, wie für die Heterosexuellen beruflich fordernd und das Leben mit der Herkunftsfamilie noch anstrengender, weil sich nur selten, sogar die heimlich liebevoll unterstützenden Eltern und Geschwister in Gegenwart von Tanten und Onkeln trauten, gegen die Verurteilung und Verachtung durch die Familienbande aufzubegehren.

Erst durch das öffentliche Coming out der US-Initiative P-Flag (Parents, Families and Friends of Lesbians and Gays im Jahre 1973!) und ihre demonstrative Unterstützung für ihre Kinder bei den CSD-Paraden in den 80ern, wurde Homosexualität auch ein familienpolitisches Thema. Ein Elternpaar, Jeanne und Jules Manford, sahen per Zufall, wie ihr Sohn Morton bei einer Schwulendemo vor laufender Kamera zusammengeschlagen wurde, ohne dass die anwesende Polizei eingriff. Die ordentliche TV-Welt war sich der vermuteten Verachtung für Schwule so sicher, dass kein cop sich genötigt sah, einen redneck=Spießer bei seinem hate-crime zu hindern, wie wir es heute nennen würden. Daraufhin wurden zum ersten Mal die Eltern eines Homosexuellen aktiv und zeigten die Polizei an. Zwei Monate später ging wohlgemerkt die Mutter Jeanne alleine mit einem Schild und dem Aufruf, die Eltern und Freunde von gays um Unterstützung bittend, neben ihrem Sohn Morton die 5th Avenue entlang. Die Reaktion anderer Eltern, aber vor allem der Lesben und Schwulen selber war überwältigend dankbar. Seit den frühen 80ern marschieren bei allen CSD-Märschen in den USA die PFLAGS als die meist applaudierten Stars aller Beteiligten mit. Viele der Eltern wollten auch als Großeltern ihre Kinder glücklich werden sehen und das auch zunehmend in Deutschland. Die Aktivitäten von BEFAH – Bundesverband der Eltern, Freunde und Angehörigen von Homosexuellen geben ein beredtes Zeugnis hiervon.

Ich muss gestehen, zu meiner Verwunderung, gab es viel mehr Lesben und Schwule, die die gleichen Wünsche nach Kindern hatten, wie ihre Eltern. Für mich war die Entscheidung, lesbisch zu leben auch eine, kinderlos zu bleiben. Persönlich war es nicht so ein Problem für mich, wie für manche meiner FreundInnen, aber dank der Lesben im LSVD, allen voran Ida Schillen und Elisa Rodé, den politischen Müttern von ILSE (Initiative lesbisch-schwuler Eltern), ließen wir es unseren notorischen Schlechtmachern aus den bürgerlichen Parteien nicht durchgehen, uns als Kinderverderber (Pädophile) zu denunzieren. Deswegen war es so wichtig für den LSVD, in der Kampagne für die so genannte ‚Homoehe' auch die Belange der Kinder in und aus lesbisch-schwulen Beziehungen zum Familienthema zu machen. Wie richtig das ist, zeigt auch Ihr zahlreiches Erscheinen hier auf der Familienfachtagung und das überwältigende Interesse von Lesben und Schwulen an Familienratschlägen, die die völlige Gleichstellung auch rechtlich durchsetzen wollen, weil sie sie um ihrer Kinder willen brauchen. Dabei ist es irrelevant, ob die Kinder durch Insemination, Adoption oder Pflegschaft die Familienplanung bestimmt haben.

Wie sehr der „Familienbegriff im Wandel"– so mein Titel – ist, haben Lesben und Schwule, die sich ihren Wunsch nach Wunschkindern nicht haben wegrationalisieren lassen, auf das Wunderlichste subversiv unterlaufen. Und wie sehr sich Ihre vielen Kinder darüber freuen, auf der Welt zu sein- und das ohne aufeinander einzuschlagen, ist für mich hier wirklich die größte Überraschung. Das gibt zu gesellschaftichen Hoffnungen Anlass, die wir durch staatliche Diskriminierung nicht zerstören lassen dürfen.

Sie haben der Vorstellung von: „Love Makes a Family" eine Wahrheit vermittelt, die sie in der Wirklichkeit mancher Zwangsgemeinschaft gar nicht hatte.

Die Pink-Offensive der schwarzen Schafe, die zuvor in destruktiver Einsamkeit lebten und vielerorts noch leben, hat erheblich zur Aufhellung der Lebensstimmung aller beigetragen. Dafür ist den politischen AktivistInnen, ganz unbescheiden uns, bitte auch freundlichst zu danken. Dass Sie uns mit Ihren Kindern einen Regenbogen bescheren, für den es sich lohnt, politisch weiterzumachen, ist unser nächstes Mehrgenerationenprojekt.

Wenn wir später als ganz Alte auf die Fürsorge nicht nur der Gesellschaft angewiesen sind, sondern uns auch an dem breiten Spektrum einer rainbow-Familie erfreuen können, dann haben wir unerwartet doch wieder Anschluss gefunden. Anschluss an eine Tradition der Familiengenealogie, die wir auch im Rückblick alles Recht hatten zu bekämpfen?

Ja, denn die Familienideologie schloss uns aus und negierte unsere Liebes- und Lebenswünsche, jenseits des auch von uns gefeierten Jugendkults.

Wir haben hoffentlich begonnen, mit geschlechterdemokratischer Entschiedenheit das Schwarze der Familie in eine rosa Zukunft ohne Schafe zu entdunkeln.

Ich zumindest gestehe ein, ich hätte gerne eine/n von Ihnen als Mutter oder Vater gehabt, jemand, die oder der sich über mein Glück der Liebe gefreut hätte. Und Sie alle wissen, wie das mit dem Glück ist, man muss viel lieben, um es manchmal zu haben. Und Ihre Kinder haben Glück mit Ihnen!

Dafür ist Ihnen zu danken, danke schön.

PS: Nach meinem Vortrag erhielt ich sehr viel Zustimmung, auch von denjenigen, die sich von den Feministinnen in ihrem Familienstreben schlecht gemacht fühlten und sie deswegen ablehnten. Als aktive Feministin und LSVD-Politikerin, freut es mich deswegen ganz besonders, meiner Idee von Geschlechterdemokratie ganz praktisch gerecht worden zu sein. Meiner Meinung nach, haben die Feministinnen in ihrem enormen theoretischen Aufwand an notwendiger Kritik der Familienideologie noch viel mehr gesellschaftliche Anerkennung verdient als es bedauerlicherweise im Bewusstsein vieler Lesben und Schwulen ist. Umgekehrt waren es aber die Queers (GLBT) von heute, die mit ihrem ‚konservativen' Wunsch nach Familie, diese wieder zu retten begannen ...

Halina Bendkowski, Bundessprecherin des LSVD
AGENTIN FÜR FEMINISMUS & GESCHLECHTERDEMOKRATIE
halina.bendkowski@gmx.de

Halina Bendkowski engagierte sich stark für das neue LPartG und ließ als eine der ersten Berlinerinnen ihre binationale Partnerschaft mit ihrer amerikanischen Freundin nach dem neuen Lebenspartnerschaftsgesetz eintragen.

Claudia von Zglinicki
Vietnam ist kein Basar
Andrea und Silvia

Die Heilige Familie stellt man sich anders vor, die traditionelle auch. Vater, Mutter, Kind?

Die Familie Guhl-Kasten sieht anders aus: eine Frau, Jahrgang 1959, sie hat Physik studiert und ist jetzt Software-Entwicklerin, Andrea Kasten. Die zweite Frau, ein Jahr jünger als die andere, auch Elektronikerin, sie arbeitet in der Erwachsenenbildung und heißt Silvia Guhl. Die beiden haben vier Kinder, alle schwarzhaarig und zierlich: Nele, fünf Jahre, Philip, sechs, und die Zwillinge Robin und Marvin, die im Januar 2002 drei wurden. Auch wenn manchmal jemand zu der schwarzhaarigen Andrea sagt, die Kleinen seien „ganz die Mutter", kann das nicht sein. Denn die Kinder kommen aus Vietnam.

Silvia und Andrea sind seit Oktober 1980 ein Paar. Seit dem 20. Oktober, wie Silvia lachend hinzufügt. „Das wüsstest du wieder nicht!" Stimmt, Andrea gibt es zu. Ihre Beziehung zu Silvia ist zugleich ihre erste ernsthafte Beziehung und die erste zu einer Frau. Silvia erzählt: „Seit ich Andrea kenne, hab ich zum ersten Mal meinen Egoismus nicht mehr gespürt. Auf einmal war ein anderer Mensch wichtiger als ich. Als wir uns kennenlernten, waren wir noch unheimlich jung, 21 und 20. Ich wusste vorher, in der Schule schon, dass irgend etwas mit mir nicht stimmt. Ich wusste auch, wie hasserfüllt viele Menschen mit Lesben umgehen. Und ich wollte nicht krank sein, wie ich das für mich nannte. Irgendwann legte ich deshalb für mich fest: Ich werde mit niemandem zusammen sein. Ich werde in ein SOS-Kinderdorf gehen, als Mutter. Sie nahmen mich aber nicht, weil ich zu jung war. Über so etwas wie ein trautes Heim hatte ich mir keine Gedanken gemacht. Aber mit Andrea war von Anfang an klar: Ich möchte sie für immer behalten."

Silvia wollte immer gern mit Kindern leben. Das Paar übernahm eine Patenschaft über ein Mädchen in Kenia, Caroline, obwohl beide damals wenig Geld hatten. Andrea studierte noch, Silvia arbeitete in ihrem ersten Beruf als Konditorin. Sie engagierten sich auch bei Greenpeace. Mehr zu sein als „Diskomäuse" war ihnen wichtig.

Mit Mitte 30 wünschten sie sich dann ein eigenes Kind. Aber als Lesben? Sie glaubten zuerst nicht, dass das möglich sei. Sie haben sich lange Zeit gefragt, ob sie überhaupt ein Kind in eine lesbische Beziehung bringen dürften, ob ihr Egoismus nicht zu groß sei, ob das Kind nicht unter Hänseleien leiden würde. Schließlich sagten sie sich kühn: „Verdammt, ja, wir sind so egoistisch, ein Kind zu wollen; das ist das Schicksal dieses Kindes und damit muss es umgehen. Wir haben auch unsere Eltern zu tragen, ne?"

Vielleicht sollten sie ein Pflegekind aufnehmen? Aber sie würden es nicht verkraften, wenn es in die Herkunftsfamilie zurückgehen müsste. Sie versuchten es mit Insemination, bis sie die Lösung für sich fanden: Im Urlaub lernten sie in einer Frauenpension in Frankreich zwei Französinnen kennen, die einen Jungen aus Vietnam adoptiert hatten. Das war es, wonach sie suchten. Und wenn das in Frankreich möglich war, musste es sich auch in Deutschland durchsetzen lassen. Nach der Reise riefen sie sofort beim Jugendamt an, zu Hause in Schleswig-Holstein. Was kam, fasst Andrea einfach in einem Satz zusammen: „Es fügte sich dann alles, Schritt um Schritt: Kontakte nach Vietnam, eine Reise dorthin, dann hatten wir unser Baby." Aber es war nicht so einfach wie in diesem Satz. Es brauchte eine lange Vorbereitungszeit, neun Monate, die Zeit einer Schwangerschaft, und danach noch achteinhalb Wochen Mühen und Angst, dass irgend etwas die Adoption in Vietnam unmöglich macht oder im letzten Moment noch verhindert.

Ganz am Anfang saßen Silvia und Andrea auf der Informationsveranstaltung des Jugendamts mit acht heterosexuellen Paaren zusammen und es hieß: „Mit Ihnen müssen wir noch einzeln sprechen!" In dem Einzelgespräch kündigten die Zuständigen an: „Sie können nur drei Kategorien von deutschen Kindern bekommen: schwer behinderte, HIV-positive oder Mädchen, die missbraucht worden sind und die wir nicht in eine Familie mit einem Mann stecken können!" Kinder in Kategorien. Aber man mag es nennen, wie man will; solchen Kindern fühlten sich Andrea und Silvia nicht gewachsen. Sie sind keine Sozialpädagoginnen. „Einem missbrauchten Mädchen können wir nicht genügen", glaubten sie. Heute würden sie sich so eine Aufgabe zutrauen, aber damals, als erstes Kind? Ausgeschlossen. Außerdem wollten beide eine Auslandsadoption. Keine blonden, blauäugigen Babys, für die sich mehr als genug Eltern finden. Sie wollten Kinder aufnehmen, die keiner sonst

Foto: Katharina Mouratidi

Andrea Kasten und Silvia Guhl mit Robin, Marvin, Nele und Philip

haben will. Das Jugendamt antwortete schlicht: „Na, wenn Sie meinen …" Keine Hilfe, keine Information, keine Unterstützung. Der Sozialbericht, den die Leute vom Amt schreiben mussten, betonte vor allem, dass diese Frauen lesbisch sind und dem möglicherweise zu adoptierenden Kind keinen Vater bieten können.

Über eine vietnamesische Kollegin hatten Silvia und Andrea Kontakte nach Vietnam geknüpft. Vietnam akzeptiert unverheiratete Frauen als Adoptivmütter. Aber die Regeln, was erlaubt wird und was nicht, ändern sich oft. Ohne Menschen, die einen vor Ort informieren und beraten, ist eine Auslandsadoption kaum durchzusetzen. Als Silvia und Andrea ihr zweites Kind aus Südostasien holten, das Mädchen Nele, waren 14 Monate seit der Adoption von Philip vergangen und alle Regeln waren schon andere geworden.

Mit der Home Study, die die Frauen ins Vietnamesische übersetzen und vom vietnamesischen Konsulat beglaubigen ließen, und die aussah wie selbst gemacht, flogen die beiden Frauen auf gut Glück nach Saigon. Das ist jetzt sechs Jahre her. Nur die Freundinnen wussten Bescheid, die Haus und Hund betreuten. Aber nicht einmal die Eltern waren eingeweiht, schon gar nicht die Kollegen, so groß war die Sorge der beiden, es nicht zu schaffen und ohne Baby nach Deutschland zurückzukehren.

Vietnam – eine andere Welt empfing sie, faszinierend und doch ein Kulturschock, beeindruckend schön und unbegreiflich fremd, obwohl die Frauen sich gründlich auf die Reise vorbereitet hatten. Andrea erinnert sich: „Wir sahen viele Extreme: reiche Leute und daneben Menschen, die starben. Keiner kümmerte sich um einen Mann, der auf der Straße im Sterben lag. Man verändert sich, wenn man dort ist. Ich glaube, wir freuen uns heute anders als vorher über unser Leben." Für ihre Kinder wollen sie so viel wie möglich von ihren Eindrücken aus Asien bewahren. „Es ist ein schönes Land", sagt Silvia. „Es riecht anders als bei uns, die Gewürze sind andere, die Früchte… Wir wollen das später mit den Kindern gemeinsam erleben, ihnen ihr Land zeigen. Wir erzählen ihnen auch oft von der Zeit, die wir dort verbracht haben. Jedes Kind hat sein eigenes Fotoalbum aus Vietnam." Aber das ist heute. Zurück zum Beginn der großen Familie: Eine vietnamesische Bekannte dolmetschte und führte die Deutschen durch die fremde Stadt. Auf kleine Zettel schrieb sie die verschiedenen Adressen, die die Frauen dann den Rikschafahrern zeigen konnten, damit sie am richtigen Ort ankamen. Das war hilfreich, und auch das deutsche Konsulat kümmerte sich um die bürokratischen Probleme der beharrlichen Norddeutschen. Trotzdem sah alles zuerst düster aus. Auf dem ersten vietnamesischen Amt hieß es: Nein, Sie dürfen kein Kind adoptieren. Die Unterlagen, die dort von anderen Ausländern vorgelegt wurden, sahen Vertrauen erweckender aus, großartige Urkunden aus den USA waren mit Stempeln und Emblemen verziert. „Das Jugendamt hatte uns mit Mist losgeschickt. Die wollten in Wahrheit nicht, dass wir ein Kind bekommen", urteilt Andrea. Überzeugt hat auf dem Amt in Vietnam schließlich das bundesdeutsche Führungszeugnis, weiter nichts. Es sah beeindruckend amtlich aus, das entschied. Die Frauen erhielten einen vietnamesischen Zettel, auf dem stand, dass sie ein Kind adoptieren dürfen. Dann standen sie vor der Tür vom Waisenhaus. Beim sechsten Versuch ließ man sie endlich hinein. Es hieß plötzlich, sie hätten einen Jungen da, seit dem vorigen Tag, er sei zwei Wochen alt. Ja, sie wollten ihn, keine Frage. Das Waisenhaus: 40, 50 Kinder lagen in einem Saal, behinderte darunter. Alle Kinder waren nackt. Eine Schwester schnitt Philip gerade die Fingernägel und tat das so grob, dass die Fingerkuppen bluteten. Heute wissen die Frauen, dass die Angestellten in dem Heim ein bisschen Geld von ihnen erwarteten, damals trauten sie sich nicht, jemanden zu bestechen. Sie kauften für den Kleinen jeden Tag Decken und Handtücher, die waren am nächsten Tag immer wieder verschwunden. Aber sie durften ihr Baby von nun an jeden Tag drei Stunden besuchen. Sie standen immer schon lange vor der erlaubten Zeit vor der Tür. Ein Mädchen hätten sie gern noch mitgenommen, ein Kind mit Pigmentstörungen und ohne Arme – Folgen des Vietnamkriegs, die immer noch Neugeborene treffen. Doch Andrea und Silvia mussten sich auf ein Kind konzentrieren, wenn sie nicht riskieren wollten, allein nach Deutschland zurückzukehren.

Die Geburtsurkunde und andere Papiere vom Waisenhaus mussten eingereicht und vom Konsulat beglaubigt werden. Der bürokratische Weg ist kaum noch nachzuzeichnen, so aufwändig und kompliziert war er. Manches ging etwas schneller, wenn man wusste, wem ein bisschen Geld zuzustecken war. Schnell ging auch dadurch nichts. Nach ein paar Wochen durfte Philip immerhin privat untergebracht werden. Von da an konnten die beiden Mütter immer bei ihm sein, wenn sie nicht gerade auf Ämtern saßen. Endlich wurde bei der Justizbehörde die Urkunde über die Adoption ausgestellt, der entscheidende Akt. Damit war Philip ihr Kind. Korrekt: Silvias Kind, sie ist die Adoptivmutter, rechtlich gesehen. Die andere Mutter, Andrea, musste in Deutschland auf dem Jugendamt unterschreiben, dass sie finanziell für das Kind aufkommen würde. Denn Silvia sollte ein Jahr zu Hause bleiben, wie Jugendämter das generell bei Adoptionen erwarten. Sicher ist Andreas Unterschrift rechtlich nicht bindend, aber sie wurde verlangt und für die Frauen war es kein Problem, hatten sie doch ohnehin beide vor, Mütter für dieses Kind zu sein, mit allen Konsequenzen.

Ganz zum Schluss, als alles schon geregelt schien, tauchte noch eine unerwartete Hürde auf: Das Jugendamt wollte plötzlich nur einem Mädchen die Einreise genehmigen, einem Jungen nicht. Unbegreiflich, scheinbar unabänderlich, aber die Kollegin vom Ausländeramt sah das anders, sie wollte sich vom Jugendamt nichts diktieren lassen und setzte sich durch. Glück gehabt. Andrea erinnert sich an die Rückkehr: „Als wir im Flugzeug saßen und es abhob, erst dann haben wir angefangen zu heulen und die Anspannung ließ nach. Das Jugendamt zu Hause reagierte verärgert. Sie hätten nie gedacht, dass wir ein Kind kriegen. Als wir eine Woche danach den Antrag auf ein zweites stellten, sind sie fast vom Glauben abgefallen!" Der Antrag wurde dann auch erst mal nicht bearbeitet. Die „Vorarbeit" für das zweite Baby dauerte noch länger als bei Philip, 13 Monate. Ohne eine Dienstaufsichtsbeschwerde hätte selbst diese Zeit nicht gereicht. Aber ein Einzelkind wollten die beiden nicht. Philip sollte Geschwister bekommen. Die Kinder, so meinen die Mütter, sind gerade in ihrer besonderen Situation stärker, wenn sie zwei sind - oder mehrere. Übrigens auch stärker gegenüber den starken Müttern.

Andrea flog nach Vietnam und adoptierte das zweite Kind. Die Frauen hatten Kontakt zum Waisenhaus gehalten und Fotos von Philip geschickt. Die Vietnamesinnen signalisierten dann, dass Andrea und Silvia noch ein Mädchen bekommen könnten. Das Baby warte auf sie. Sie hatten das sichere Gefühl: Es klappt noch einmal und diesmal geht es in Vietnam leichter.

Eigentlich war alles gut. Zwei Kinder, sie zogen mit ihnen aufs Land, kauften ein Haus in Bad Bramstedt, von dem sie merkten: Es ist eigentlich zu groß für vier. Vor dem Einzug hatten sie das nicht so klar erkennen können, aber jetzt sahen sie es. Und es geschah noch etwas, das Andrea und Silvia zum Grübeln brachte: Sie hatten zwei Jungen aus Tschernobyl für sechs Ferienwochen bei sich aufgenommen. Die beiden, zehn und zwölf Jahre alt, verstanden sich so gut mit den Kleinen, dass die Mütter feststellten: „Vier Kinder sind eigentlich kein Problem. Es ist toll, weil sie sich auch miteinander beschäftigen." Also sprachen sie mit Philip und Nele. Wie wäre es – noch ein Kind? Oder schaffen wir es, bei einer Adoptionsanfrage gleich zwei Kinder zu bekommen. Irgendwann musste mit den Behördengängen schließlich Schluss sein. Und so kam die Familie zu Zwillingen.

Diesmal lief alles anders. Die Mütter hatten Frau Hofer kennen gelernt, eine Frau, die selbst 13 Kinder aus vielen Ländern adoptiert und den Verein „International Child`s Care Organisation" geründet hat, der Waisenhäuser in Vietnam unterstützt, in Deutschland Auslandsadoptionen vermittelt und werdenden Adoptiveltern beisteht. Schneller als geplant, rief Frau Hofer an und sagte: „Ich hab zwei Jungen für euch, das können einfach nur eure sein!" Andrea rief Philip und Nele: „Eure Geschwister sind da!" Philip fragte darauf: „War das am Telefon der liebe Gott?"

Und die Reaktion der Umgebung, in dem kleinen Bad Bramstedt mit seinen 12.000 Einwohnern? Die Großeltern lieben die Enkel, keine Frage. Andrea und Silvia sind in der Stadt meist zusammen unterwegs und präsentieren sich als Familie, bei Kinderärzten und in Kindergärten. Natürlich fanden sie es anstrengend, Fremden zu sagen: „Guten Tag, wir sind lesbisch und haben vier Kinder adoptiert, haben Sie damit ein Problem?" Aber wenn man so lebt, muss man es so direkt machen, denken die beiden. Eine neue Lebensform für sie. Vorher haben sie zwar nicht verschwiegen, dass sie lesbisch sind, aber mit einem Plakat liefen sie auch nicht gerade herum. Mit den Kindern leben sie nun, als hätten sie einen Button angesteckt, auf dem genau das steht: lesbisch, vier Kinder. Und die Kinder sind aus Vietnam und nicht aus Bad Bramstedt, auch das ist nicht zu verheimlichen. Hinzu kommt, dass die Frauen oft das Gefühl haben, mit den Kleinen für die eigene Gruppe, die Lesben, nicht mehr erkennbar zu sein. Auch da tauchen Vorurteile auf, vor denen selbst eine Minderheit nicht geschützt ist.

Bis jetzt reagieren aber alle möglichen Leute, die Kollegen, die Eltern der anderen Kinder im Kindergarten, freundlich auf die bunte Familie. Manchmal fragen die Frauen sich, wie es wäre, wenn sie ein „Problemkind" hätten, was immer das sein mag. Ob dann mancher schnell mit Erklärungen bei der Hand wäre und gar nicht mehr so tolerant sein könnte, sondern den Vater vermissen würde, der „eben doch fehlt". Könnte so sein. Wenn man annimmt, dass es mit jedem Kind irgendwann Probleme gibt, welche auch immer, wird die Familie vielleicht noch herausfinden, wie die Umwelt dieser Belastungsprobe gewachsen ist.

Schwierigkeiten gab es bis jetzt nur mit der Pastorsfamilie, von der die Frauen dachten, es seien Freunde. Als das Ehepaar bei Vorarbeiten zu einer Fernsehsendung erklärte, das lesbische Paar in der Gemeinde nicht zu kennen, fühlten Andrea und Silvia sich unerwartet getroffen. Typisch evangelische Kirche, sagt Andrea. In der gleichen Sendung gaben aber Eltern anderer Kinder aus dem kirchlichen Kindergarten zu Protokoll, man merke den vier Kleinen an, dass sie geliebt werden. Andrea lacht: „Da hatte das Gute wieder gesiegt!" Aber das Thema Familie ist im Kindergarten dann doch besser weggelassen worden. Vorsichtshalber.

Die Großfamilie hat ihr Leben gut organisiert: Andrea ist die Hauptverdienerin, Silvia nahm den Erziehungsurlaub in Anspruch und arbeitet jetzt 19 Stunden pro Woche. Eine Freundin, mit der Silvia und Andrea früher zusammen Fußball gespielt haben, betreut die Kinder, wenn die Mütter nicht da sein können. Mit ihnen leben außerdem Hunde, Hühner und Kaninchen. Hahn Bruno und seine vier Olgas haben kürzlich Küken bekommen. Die zwei angeblich weiblichen Kaninchen bekamen auch Junge. Es herrscht die Großfamilie, wohin man blickt. Verspeist werden die Tiere übrigens nicht, nur die Eier landen auf dem Frühstückstisch. Zu viel Nachwuchs verkraften selbst Silvia und Andrea nicht.

Claudia von Zglinicki
Unterschiedlicher als diese beiden – das geht kaum
Angelika und Corinne

„Warum ich Corinne liebe? Klassefrau, schau sie dir an!" Die Frau, von der Angelika Scholz so temperamentvoll spricht, Corinne Diana Klatt, ist Personalleiterin in einem Unternehmen der IT-Branche, 35 Jahre alt. Sie schaut durch ihre dunkel gerahmte Brille und lächelt. Angelika ist im Gespräch der direkte, zupackende Typ, aber nachdenklich und leise kann sie kurz darauf auch sein, fast melancholisch. Die 38-jährige Werbefrau betreibt ihre eigene Eine-Frau-Agentur, und sagt von sich, sie wolle als Lesbe mit Frau und Kind „nach außen gehen und ein positives Image prägen". Sie beschreibt sich als Frau, die schnell für alle Probleme Lösungen findet. „Manche Kunden beten mich dafür an", fügt sie hinzu. „Aber in der Beziehung ist es für Corinne oft anstrengend, das weiß ich, wenn ich immer sofort sage, wie etwas gemacht werden könnte. Ich arbeite dran." Nicht nur manche Kunden, auch manche Frauen haben Angelika wohl angebetet, dieser Ruf ging ihr voraus, als sie aus Stuttgart nach Hamburg kam. Vielleicht hat das dazu geführt, dass Corinne sich gerade deshalb auf Abstand hielt. Sie fand Angelika nett und witzig, das war's. Ein kleines Spielchen mit dem Feuer, schöne Gespräche, weiter nichts. So dass Angelika anfangen musste, „zu baggern wie eine junge Göttin". Was sogar das Abwaschen einschloss. Corinne fiel das alles angeblich gar nicht auf, es führte aber doch zum Erfolg. So musste es für Angelika sein, denn ihr war sofort klar: die oder keine. Andere Frauen standen im Weg? Ach was, das war nichts Ernstes; Angelika erinnert an den Spruch: Jetzt müssen Maschinen kommen und keine Ersatzteile.

Inzwischen leben die beiden seit 13 Jahren zusammen und haben ein Kind. Emma-Louise ist drei Jahre alt. Wer von ihnen das Baby auf die Welt gebracht hat, darüber wollen sie nicht sprechen, das geht nur Emma etwas an. Sie sind die Mütter, beide. Manchmal hat Angelika sich schon gefragt, ob sie nun spießig wird, mit fester Partnerin, Heim und Familie. Sie sagt: „Ihr wolltet mich anders und ich war's gerne. Aber jetzt ist alles anders. Bei Lesben und Schwulen führt der Weg von der Subkultur aufs Standesamt – das berührt mich. Das ist wunderbar. Von wegen spießig! Ich werde erwachsen."

Corinne hat zuerst heterosexuelle Beziehungen gelebt, Beziehungen aller Art, bescheuerte und andere, die gut für sie waren - so beschreibt sie sie heute. Zur Frauenszene fühlte sie sich früh hingezogen und spürte bald, dass sie auch sexuelle Kontakte zum gleichen Geschlecht wollte. Es war zuerst nicht ganz leicht für sie, sich aus der heterosexuellen Beziehung herauszuwagen, doch dann, sie war Anfang 20, kam es schnell zu heftigen, spielerischen Affären. Bald lernte sie Frauen kennen, mit denen sie sich eine Beziehung wünschte. Eigenartig oder schwierig war das alles für Corinne nicht, aber sie spürte manchmal doch so ein zartes Gefühl: Jetzt bist du nicht mehr beschützt. Die Sicherheit, dass ein männlicher Partner auch ihr Beschützer sein könnte, im körperlichen Sinne, die fehlte ihr hin und wieder. Etwas, das sie ihre „Kinderseele" nennt, steckt in ihr und vermisste den in der Gesellschaft allgemein anerkannten Schutz, den ein Mann gibt. So war der Gedanke, mit Angelika und Emma in einem Wohnmobil durch Amerika zu reisen, für Corinne unheimlich. Mit einem Mann wäre diese Unsicherheit nicht aufgetaucht. Andererseits ist Emma noch zu klein für eine solche Aktion und dann - Corinne lacht: „Mit Angelika ist eine Wohnmobiltour sowieso schwierig. Angelika ist eine Luxuspuppe!"

Was Corinne, die „treue Seele" laut Selbstaussage, in einer Beziehung sucht, ist Seelenverwandtschaft. Sie möchte sich mit der Partnerin über viele Dinge auseinander setzen, will sich mit ihr Gedanken machen über Emotionales, Gesellschaftliches, über Handlungen von Menschen. Sie möchte, dass die andere eine ist, die nachvollziehen kann, was sie betroffen macht. Die gleiche Meinung muss die Partnerin nicht haben, aber sie sollte begreifen, was in Corinne vorgeht. Bei Angelika findet sie das. Corinne gibt ein Beispiel: Beide sahen kürzlich im Fernsehen einen Ringkampf zwischen zwei Männern in den USA, der ohne Regeln bis zum Tode des Einen geführt wurde. Corinne war fassungslos. Darüber mussten die beiden miteinander sprechen – das war nicht hysterisch, sondern wichtig für ihr Seelenleben.

Auch ein gemeinsamer Weg zwischen Ordnung und Chaos musste gefunden werden. Angelika, das „Schlampinchen" (auch eine Selbstaussage), hat ihr Reich des Durcheinanders, aber in gemeinsamen Räumen soll lieber Ordnung sein. Corinne bewegt sich gern in aufgeräumten Räumen, die können ruhig clean sein oder fast leer. Sie braucht diese Übersicht und Ruhe für ihren Kopf. Ein Kompromiss wird gelebt:

Foto: Katharina Mouratidi

Angelika Scholz und Corinne Klatt mit Emma-Louise

Die eine der beiden reißt sich mehr zusammen, die andere drückt mal ein Auge zu und eine Haushaltshilfe trägt dazu bei, dass Kollisionen vermieden werden.

Gespräche über ein mögliches gemeinsames Kind begannen bei den beiden schon früh. Angelika war der Motor. Sie wollte ein Kind, keine Frage. Heute wundert sie sich darüber, wie selbstverständlich und klar dieser Wunsch immer war. Genau so klar wie der Gedanke, mit Frauen zusammen sein zu wollen. Und Corinne? „Corinne hat Kinder früher Tapetenbeißer genannt", ruft Angelika lachend. Das ist lange her. Zehn Jahre waren ohne Emma vergangen. Zeit fürs Studium, für die Karriere und endlos viele Partys. Darauf wollte Corinne früher nicht verzichten, aber mit der Zeit stellte sie Abnutzungserscheinungen fest. Genug gefeiert. Sie konnte sich jetzt ein Baby vorstellen. Sie sagte Angelika: „Du würdest es später bereuen, wenn du darauf verzichtest." Diesen Test wendet Angelika manchmal für sich an: Sie stellt sich vor, sie liegt mit 80 oder 90 Jahren auf dem Sterbebett. Was bereut die alte Dame Angelika dann? Corinne hatte in diesem Fall Recht, das war deutlich. Ohne Kind zu leben – das würde Angelika Leid tun. Das Thema wurde für beide wichtiger und hielt sie immer länger in Atem. Schließlich war klar: Wir wollen ein Kind, ein „selbst gemachtes", sagen sie. Sie wollten das erleben. Und das Kind sollte einen Vater haben. Es sollte nicht wie Angelika ohne Vater aufwachsen. Sie wollten ihm den Vater nicht gleich als Erstes nehmen. Deshalb kam ein anonymer Spender nicht in Frage. Ein schwuler Freund ist der Vater von Emma. Das Besondere an der Familie dieser drei weiblichen Wesen ist – laut Angelika – die Harmonie zwischen ihnen, die so „verdammt schön" ist, so unfassbar schön, dass es Angelika die Tränen in die Augen treiben kann. Der Vater wird „väterlicher Außensatellit" genannt und kommt regelmäßig einmal in der Woche. Er wird im Moment auch wieder zum Freund für die beiden Frauen, nach der für alle und vielleicht besonders für ihn schwierigen Cocooning-Zeit der ersten Monate mit dem Baby. Er hat sein Kind in eine komplette Familie hineingegeben, das tut weh, aber es ist auch richtig für ihn, so wie es ist.

Angelika und Corinne sind extrem unterschiedlich, doch der Grundton zwischen ihnen stimmt. Sie haben dieselbe Haltung dazu, was sie Emma mitgeben wollen. Sie sorgen auch füreinander, sie passen auf, dass die andere Ruhe findet, sich erholen kann. Sie legen einander nichts in den

Weg. Wenn eine etwas vorhat, will die andere ihr das ermöglichen. Die Himalajabesteigung vielleicht, nur so als Symbol. So miteinander umzugehen empfinden sie als partnerschaftlich. Emma – so beschreibt es Angelika – schwimmt in dem Fluss ihrer Beziehung wunderbar mit. Das Geheimnis, warum das Zusammenleben so harmonisch wird? Kommunikation. Reden, reden, einander sagen, was frau fühlt. Wo will ich mal hin, was will ich verwirklichen in meinem Leben? Dabei nicht an Karriere oder Haus denken, sondern an wichtigere Dinge wie eigene Gelassenheit.

Wünschen sie sich ein zweites Kind? Angelika lehnt ab, weil sie nicht noch einmal so viele schlaflose Nächte durchstehen will. „Das hast du gesagt", betont Corinne. Die Frage war schon mal klar mit Ja beantwortet, dann mit Nein. Jetzt sagen die beiden: „Legt uns eins vor die Tür, wir nehmen es gern."

Silke Burmeister-Ruf
Wie komme ich zum Kind?

Dürfen Lesben und Schwule ihren Kinderwunsch realisieren?
Lange galt es als irgendwie selbstverständlich, dass Lesben und Schwule keinen Kinderwunsch haben – oder mindestens nicht haben dürfen, wenn sie richtige Homosexuelle sein wollen. Es wurde wohl davon ausgegangen, dass der zeitliche Zusammenhang zwischen Zeugung und Sexualität im heterosexuellen Geschlechtsverkehr auch bedeutet, dass die Abneigung gegen eben diesen heterosexuellen Verkehr zwangsläufig auch die Abneigung gegen die Zeugung nach sich zieht.

Dieser Automatismus ist aber offensichtlich nicht gegeben. Auch Heterosexuelle haben mehrheitlich Verkehr, ohne den aktuellen Wunsch nach einem Kind mit diesem Partner. Verhütungspraktiken einerseits und kinderlose Beziehungen andererseits belegen heute die Unabhängigkeit von Sexualität und Kinderwunsch.

Der Kinderwunsch zeigt sich bei hetero- wie bei homosexuellen Menschen zunächst und vor allem als etwas sehr persönliches, nämlich als ein Gefühl. Dieses Gefühl versuchten und versuchen Lesben und Schwule mehr oder weniger erfolgreich zu unterdrücken, vielleicht weil nicht sein soll, was nicht sein darf. Dennoch war das Gefühl bei vielen da.

In der Szene waren schon die Kinder aus heterosexuellen Vorzeiten eine Art Tabu. Sie tauchten selten auf, wurden fast versteckt vor der Communitiy. Der Kinderwunsch selbst war das noch viel größere Tabu, welches aber immer wieder von einzelnen Lesben und seltener von einzelnen Schwulen gebrochen wurde.

Seit einigen Jahren hat sich da was getan. Immer öfter tauchen schwangere Lesben in der Frauendisko auf. Kinderwagen auf dem CSD sind zwar noch sehr vereinzelt, aber nicht, weil es die dazugehörigen Babys nicht gibt, sondern weil die dröhnende Musik für zarte Babyohren einfach zu laut ist. Manche sprechen schon von einem lesbisch-schwulen Babyboom („gayby-boom"). Kaum einer kann sagen, wie viele Kinder in den letzten Jahren in lesbischen oder schwulen Familien angekommen sind. Es sind sicherlich immer noch wenige hundert, aber es werden täglich mehr. Besonders die Zahl der Lesben, die ihren Kinderwunsch nicht nur haben, sondern auch noch in die Tat umsetzen wollen, ist enorm.

Das Tabu ist also längst gebrochen. Allerdings ist es in Deutschland wegen der widrigen Rechtslage immer noch nicht ganz einfach, als Lesbe oder Schwuler zu einem Kind zu kommen. Es gibt inzwischen aus den zurückliegenden Jahren einige Erfahrungen, die hier zusammengestellt und weitergegeben werden sollen.

Wie kann ich meinen Kinderwunsch realisieren?
Wie der Kinderwunsch ein sehr persönliches Gefühl ist, so ist auch die Frage, wie man oder frau diesen Wunsch dann realisiert, sehr persönlich. Niemand kann sagen, wie es am besten geht. Da sind zum einen die persönlichen Voraussetzungen. Bin ich allein oder sind wir ein Paar? Alter und Konstitution oder Wohnort, Beruf und Einkommen bestimmen z.B. das Geflecht der zukünftigen Familie. Ebenso persönliche Geschichte und Geschichten mit geborenen oder ungeborenen Kindern, mit Eltern und Geschwistern, mit Vorbildern oder Freunden.

Von einem Ratgeber wie diesem erwartet die Leserin oder der Leser nun aber einen Rat. Den bleiben wir deshalb auch nicht schuldig. Gut ist es sicherlich für alle, die sich mit der Realisierung ihres Kinderwunsches befassen, sich zunächst über alle Möglichkeiten zu informieren und dann eine Weile darüber nachzudenken, vielleicht mit Vertrauten zu beraten. Mancher Weg, der einem zuerst irgendwie widerstrebte, zeigt sich bei genauerem Hinsehen als die bessere Lösung. Manche zunächst einfache Lösung, hat weiter hinten irgendwie ein dickes Ende, welches man nicht in Kauf nehmen möchte. Die nächsten Kapitel beschreiben deshalb schlicht, was Lesben und Schwule so alles tun, um Kinder zu bekommen und welche Erfahrungen man dabei zusammenfassen kann. Manches entzieht sich natürlich auch meiner Kenntnis.

Wie können wir als Paar gemeinsam ein Kind bekommen?
Biologisch betrachtet muss gesagt werden, dass Kinder, die das halbe Erbgut von einer Frau und das andere halbe Erbgut auch von einer Frau

haben, zum heutigen Zeitpunkt nicht möglich sind. Ob das irgendwann einmal möglich sein wird, kann heute niemand wissen – und ob dafür das Grundgesetz geändert werden müsste, erst recht nicht. Allerdings heißt dies heute eben auch, dass immer irgendwie Personen des anderen Geschlechts bei der Realisierung des Kinderwunsches beteiligt sind. Und sei es nur als anonymer Samenspender in der Samenbank in Holland oder als unbekannte Mutter oder unbekannter Vater in einer ausländischen Herkunftsfamilie.

Was es natürlich gibt, sind Paare, die die Verantwortung für ein oder mehrere Kinder gemeinsam tragen. Die für sie sorgen. Die für sie da sind, wenn sie gebraucht werden. Die einen mehr oder weniger großen Teil ihres Lebens (und ihres Einkommens) für diese Kinder einsetzen. Sie sind soziale Eltern und wenn sie diese Aufgaben gemeinsam erledigen, haben sie natürlich gemeinsame Kinder.

Juristisch betrachtet ist diese soziale Elternschaft unerheblich. Da zählt nur, wer auf der Geburtsurkunde steht. Und da steht eben die biologische Mutter, der biologische Vater oder die Frau oder der Mann, welche das Kind adoptiert haben.

Diese juristische Seite bestimmt das Leben zwar nicht unerheblich, trotzdem darf frau und man sich davon nicht verrückt machen lassen. Wir alle haben – zum Glück – in unserem Land das Recht, unser Leben so zu gestalten, wie wir es für richtig halten. Und wenn zwei Frauen oder zwei Männer oder eine Frau und zwei Männer oder zwei Frauen und ein Mann (z. B. der Samenspender) oder drei Frauen oder oder oder oder gemeinsam die Verantwortung für Kinder übernehmen, verbietet ihnen dies niemand.

Ob nun als lesbisches Paar oder in anderer Familienkonstellation, es empfiehlt sich auf jeden Fall, so weit wie möglich, bevor das Kind gezeugt oder adoptiert oder in Pflege genommen wird, verbindlich zu verabreden, welche Rolle die beteiligten Personen in Bezug auf die Kinder haben sollen. Möglicherweise ist hilfreich, diese Verabredung auch schriftlich zu fixieren. In den einzelnen Kapiteln werde ich auf die Frage, welche Klärung meist besonders wichtig ist, im einzelnen eingehen.

Wie kann ich eine Schwangerschaft herbeiführen?

Leider bringt der Klapperstorch in lesbische und schwule Familien keine Kinder. Denn stimmte das alte Märchen von der Herkunft der Kinder, hätten wir vielleicht einige Probleme weniger. Stattdessen müssen wir uns auf unseren Biologieunterricht zurückbesinnen und wissen daher: Wir brauchen ein befruchtungsfähiges Ei und mindestens ein befruchtungsfähiges Spermium zur richtigen Zeit am richtigen Ort.

In der heterosexuellen Welt wird dieses Spermium, in Gesellschaft von Millionen anderen Spermien, im Rahmen des Geschlechtsverkehrs an den richtigen Ort, also vor den Eingang zur Gebärmutter (den Muttermund) gebracht. Erst wenn dieses Verfahren nicht zur Schwangerschaft führt, gehen die Frauen und inzwischen auch die Männer zum Arzt, und es beginnt eine zum Teil extrem lange und oft sehr strapaziöse Unfruchtbarkeitsbehandlung.

Dieses Problem haben Lesben nicht. Sie sind nicht unfruchtbar – zumindest nicht in größeren Anteilen als die Heten. Befruchtungsfähige Eier finden sich in Lesben in der Regel in ausreichender Anzahl. Die ungewollte Kinderlosigkeit von Lesben, welche behoben werden will, ist also kein medizinisches Problem. Es fehlt nur an einem Rohstoff, einer Zutat: dem befruchtungsfähigen Spermium. Diese Zutat ist allerdings nicht nur unerlässlich, sondern vor allem knapp, schwer zu finden, leicht verderblich usw.

Es gibt Lesben und Schwule, die ihren Kinderwunsch durch eine Art Besuch in der heterosexuellen Welt, also durch Geschlechtsverkehr mit einem heterosexuellen Partner verwirklichen. Dieses Verfahren ist in der Szene ein wenig verpönt (nicht politisch korrekt ...). Im Rahmen der sexuellen Freizügigkeit fällt mir allerdings kein wirklich gutes Argument gegen diese Praxis ein, zumindest dann nicht, wenn alle Beteiligten wissen, was passiert.

Dieses Verfahren ist nicht nur den meisten Lesben und Schwulen, sondern wohl auch den meisten Samenspendern aus sehr persönlichen und nachvollziehbaren Gründen nicht möglich. Es bedarf also einiger Hilfsmittel, um dennoch das gewünschte Ziel zu erreichen: Das Zusammentreffen von Ei und Spermium zur richtigen Zeit am richtigen Ort. Die bewußte Herbeiführung dieses Rendezvous nennt sich Insemination.

Wie funktioniert die einfachste Insemination?
Die Frau, die schwanger werden will, beobachtet ihren Zyklus und stellt irgendwann fest, dass der Eisprung kurz bevor steht oder gerade erfolgt ist. Das merkt sie z. B. an der Erhöhung der Basaltemparatur, an der Spinnbarkeit des Zervixschleims oder ermittelt es mittels Urinteststreifen (gibt es in der Apotheke). Genauere Informationen zur Bestimmung des Eisprungs finden sich in jeder Buchhandlung unter dem Schlagwort Verhütung oder unerfüllter Kinderwunsch.

Der Samenspender befördert ein paar Milliliter Sperma in ein kleines Gefäß mit weiter Öffnung (z. B. ein Senfglas). Wie er das macht, überlassen wir ihm ... Aber: Er soll aufpassen, wir brauchen alles!

Das Sperma hat zunächst eine etwas glibberige Konsistenz, wird aber nach wenigen Minuten flüssig. Es wird dann so bald wie möglich mit einer kleinen Spritze (5 oder 10 ml-Spritze, gibt es in der Apotheke) aufgezogen. Sollte die „Weiterverarbeitung" nicht sofort möglich sein, gehört Sperma auf keinen Fall in den Kühlschrank, sondern bleibt auf Zimmertemperatur. Aber: Nicht so lange warten, je länger frau wartet, desto mehr Spermien sterben ab. Nach ein paar Stunden ist nix Lebendiges mehr übrig.

Die Frau, die schwanger werden will, legt sich hin. Nun wird die Spritze (natürlich ohne Nadel, ist ja klar, oder?) einige Zentimeter bis vor den Muttermund in die Vagina eingeführt und dann das Sperma hineingedrückt. Hierbei kann die Freundin natürlich hilf- und segensreich zur Hand gehen. Die Frau kann dann noch ein paar Minuten liegen bleiben. In der Zwischenzeit machen sich die Spermien auf den Weg – die wissen, wo es längs geht. In der Regel zeigt sich nach zwei-drei Wochen durch ausbleibende Monatsblutung, ob eine Schwangerschaft vorliegt. Sollte die Frau nicht schwanger geworden sein (es klappt nicht immer beim ersten Mal), einfach beim nächsten Eisprung noch mal inseminieren.

Woher kommt das Sperma?
Die technische Durchführung einer „Heiminsemination" ist tatsächlich so einfach wie oben beschrieben. Wenn bei Mann und Frau keine medizinischen Probleme vorliegen, welche die Empfängnis erschweren, dann wird nach irgendeiner Insemination schon eine Schwangerschaft

vorliegen. So nach einem halben erfolglosen Jahr sollte frau sich allerdings mal Gedanken machen und vielleicht gynäkologischen Rat hinzuziehen. Die wirklichen Schwierigkeiten liegen nicht in der Durchführung selbst, sondern in der Frage: Woher kommt das Sperma?

Ganz allgemein gibt es zwei Möglichkeiten. Entweder kommt der Spender aus dem privaten Umfeld oder es wird eine – ausländische – Samenbank eingeschaltet.

Der private Spender ist der Frau oder den Frauen, die ein Kind bekommen, meistens persönlich bekannt. Sie haben sich vielleicht in ihrem Bekannten- und Verwandtenkreis einen Mann ausgewählt, diesen gefragt, ob er Samen für sie spendet und glücklicherweise hat dieser Mann dann zugestimmt. Gelegentlich geht die Initiative auch von dem Mann oder einem Männerpaar aus, welches mit einer Lesbe oder einem Lesbenpaar gemeinsam Kinder bekommen möchte. In Berlin gibt es sogar eine Agentur, welche Lesben- und Schwulenpaare zwecks gemeinsamer Familienplanung vermittelt.

Auswahl und Gewinnung des Spenders ist eine der empfindlichsten Fragen im Zusammenhang mit einer privaten Insemination. Immer stellt sich die Frage, in welcher Beziehung die Beteiligten zueinander und vor allem zu dem Kind stehen sollen. Soll die Beziehung des Spenders zum Kind mit der Samenabgabe enden oder soll er eine Rolle im Leben des Kindes spielen. Wird er auf dem Standesamt in der Geburtsurkunde eingetragen oder verweigert die Mutter diese Angabe. Auf der Geburtsurkunde ist dann an der Stelle für den Vater nur ein kleiner Strich.

Gelegentlich wünschen sich Lesbenpaare auch einen Samenspender aus dem Verwandtenkreis der sogenannten Co-Mutter, also derjenigen Frau, die das Kind nicht zur Welt bringt. Diese Konstellation hat den unschlagbaren Vorteil, dass die Co-Mutter auch biologisch mit dem Kind verwandt ist. Ist z. B. der Spender der Bruder, ist die Co-Mutter biologisch betrachtet die Tante, die Großeltern und alle anderen Verwandten sind auch biologisch die Großeltern oder Verwandten. So lässt es sich dann trefflich darüber sinnieren, aus welchem Familienzweig die guten oder schlechten Eigenschaften stammen.

Die derzeitige Rechtslage ist ja leider im Moment so, dass der genetische Vater immer der Vater bleibt, es sei denn, das Kind würde durch Adoption völlig neue Eltern bekommen. Der genetische Vater, also der Samenspender, bleibt immer unterhaltspflichtig. Daran kann keine Vereinbarung mit den sozialen Eltern etwas ändern. Wenn zwischen den Beteiligten klar ist, dass der Samenspender nicht die Rolle eines Vaters spielen soll und daher natürlich auch keinen Unterhalt zahlen soll, ist es deshalb umso wichtiger, dass genaue Absprachen getroffen werden. Insbesondere auf eine Eintragung in der Geburtsurkunde wird deshalb meistens verzichtet.

Wer sollen nach Wunsch der Beteiligten die Hauptbezugspersonen, also die Eltern des Kindes sein: Die biologische Mutter, das Lesbenpaar, das Schwulenpaar, alle gemeinsam mit gleichen Anteilen. Wer sorgt für das Kind, wer sorgt für seinen Unterhalt? Was geschieht, wenn einem der Beteiligten etwas passiert? usw. usw. Diese und andere Fragen, die sich aus der Situation ergeben, sollten die Beteiligten unbedingt besprechen und einvernehmlich klären, möglicherweise auch schriftlich.

Ab und zu werden Lesben auch schwanger durch einen privaten Spender, dessen Identität ihnen selbst gar nicht bekannt ist. Das funktioniert dann so, dass eine andere Person Kontakt zu dem Spender hat und das Sperma der Frau oder dem Paar übergibt, ohne die Identität des Spenders preiszugeben. Diese Vorgehensweise hat den Vorteil, dass der Spender nicht zu Unterhaltszahlungen etc. herangezogen werden kann. Er ist ja anonym. Auch das vielleicht etwas peinliche direkte Zusammentreffen zwischen Inseminationswilligen und Spender entfällt. Andererseits besteht durch die vermittelnde Person für das Kind später einmal die Möglichkeit, einen Kontakt zum Erzeuger herzustellen. Allerdings ohne durchsetzbaren Rechtsanspruch, nur auf der Basis guter Kooperation. Und ob nach vielen Jahren die Kontakte hergestellt werden können, ist ein wenig fraglich.

Für eine private Insemination benötigt frau nicht zwingend eine Ärztin oder einen Arzt. Viele Lesben lassen sich dennoch zu ihrer eigenen Sicherheit von einer gynäkologischen Praxis mehr oder weniger intensiv begleiten. So ist eine gynäkologische Grunduntersuchung vor der ersten Insemination bestimmt nicht falsch. Manche Frauen lassen mittels Ultraschall gleich zu Beginn oder auch erst nach mehreren erfolglosen Versuchen feststellen, ob überhaupt und wann ein Eisprung stattfindet. Weitere unterstützende Maßnahmen können natürlich im Einzelfall abgesprochen und eingeleitet werden. Diese Maßnahmen werden ganz normal im Rahmen der medizinischen Grundversorgung von den Krankenkassen bezahlt.

Eine Untersuchung des Spenders auf ansteckende Krankheiten (AIDS, Hepatitis) ist sicherlich eine sehr gute Idee. Manche Lesben bestehen auch auf einer Untersuchung des Spermas, um sicherzustellen, dass genügend zeugungsfähige Spermien vorhanden sind. Ich persönlich würde dies vermutlich erst nach einigen erfolglosen Versuchen angehen.

Wie funktioniert die Sache mit einer ausländischen Samenbank?

Der Gang zu einer Samenbank ist die Alternative zum privaten Spender – ob frau nun keinen gefunden hat oder keinen wollte. Der besondere Vorteil liegt in der Anonymität der Spender einerseits und in der Professionalität andererseits. Es entsteht kein persönliches Verhältnis, also auch keine Abhängigkeit, Dankbarkeit, Peinlichkeit oder sonstiges. Frau trifft den Spender ja nicht, und die durchführenden ÄrztInnen werden ja für ihre Arbeit bezahlt.

Bezahlen muss allerdings die Lesbe oder das lesbische Paar selbst, denn die Behandlung übernimmt keine Krankenkasse. In Abhängigkeit von der gewählten Samenbank und der Durchführungsart variieren die Kosten sehr, es ist aber auf jeden Fall mit einigen Tausend € zu rechnen. Auch ist die Nutzung einer deutschen Samenbank in der Regel nicht möglich. Die Standesregeln der deutschen Ärzteschaft schreiben vor, dass eine Insemination mit Spendersamen nur bei einer verheirateten Frau und auch nur bei nachgewiesener Unfruchtbarkeit des Ehemannes erlaubt ist.

Es bleibt deshalb nur der Gang zu einer ausländischen Samenbank. Wegen der räumlichen Nähe fahren lesbische Frauen meist nach Holland. Aber auch andere Länder wie z. B. USA oder Belgien kommen in Betracht. Die erste Kontaktaufnahme mit den holländischen Instituten kann telefonisch oder auch über das Internet erfolgen. Eine Liste der mir derzeit bekannten Samenbanken findet sich im Anhang dieses Ratgebers unter „FFGZ". Die Auswahl eines Instituts ist nicht ganz einfach.

Am besten ist es vielleicht, eine persönliche Checkliste zu erstellen und dann die Institute gezielt danach zu befragen.

    Woher kommen die Spender?
    In welchem Rahmen kann ich den Spender mit aussuchen?
    Besteht die Möglichkeit, Sperma für Geschwisterkinder zurückzulegen?
    Wie lange?
    Kann ich mir Sperma nach Hause schicken lassen?
    Wie geht das im Einzelfall?
    Wie oft muss ich in das Institut kommen?
    Kooperiert das Institut mit einer Frauenarztpraxis hier?
    Kann ich die Durchführung auch zuhause machen?
    Was kostet die ganze Behandlung?
    Was kosten einzelne Teile z. B. die Eingangsuntersuchung, jede einzelne Spende, die Verschickung?

Nach einem ersten Kontakt wird dann ein Termin ausgemacht, zu welchem die Frau oder das Paar nach Holland anreist. Dort werden die Vertragsbedingungen geklärt, Eingangsuntersuchungen, Festlegung des Spenders, der Verfahrensweise etc. vorgenommen. Die weitere Vorgehensweise ist sehr unterschiedlich. Teilweise fahren die Frauen zu jedem Eisprung nach Holland und lassen die Insemination dort durchführen. Das ist natürlich sehr aufwändig.

Zunehmend verschicken die Institute das tiefgefrorene Sperma in Spezialgefäßen auch nach Deutschland. Dort wird es entweder zuhause oder in einer gynäkologischen Praxis weiterhin in Flüssigstickstoff tiefgefroren gehalten. Wenn der Eisprung sich ereignet, wird die Insemination dann zuhause (wie oben beschrieben, aber: vorher auftauen!) oder in der Praxis durchgeführt.

Die holländischen Samenbanken arbeiten im wesentlichen mit sogenannten Nein-Spendern. Das heißt, daß die Identität des Spenders nicht preisgegeben wird. Dies schützt den Spender vor Unterhaltsansprüchen und anderen Kontaktversuchen durch die von ihm genetisch Abstammenden. Diese Anonymität ist häufig für die Spender eine sehr wichtige Bedingung, um überhaupt zu spenden. Ja-Spender hingegen stehen für spätere Kontaktwünsche zur Verfügung. Sie sind aber selten. Der Nein-

Spender hat keine Möglichkeit, Kontakt zu Eltern und Kindern aufzunehmen. In dieser Anonymität liegt die besondere Stärke der Samenbanken. Die Frauen brauchen keine Angst haben, dass der Samenspender irgendwann einmal seine Vatergefühle entdeckt und dann auf die Kinder irgendwelche Ansprüche erhebt.

Diese Anonymität ist zugleich auch die besondere Schwäche der Samenbanken. Wer sich wünscht, dass der genetische Vater eine Rolle im Leben seines Kindes spielt, ist hier natürlich ganz falsch. Für den Fall, dass das Kind irgendwann einmal auf der Suche nach seinen Wurzeln den Wunsch verspürt, den Samenspender kennen zulernen, hat es im Falle des Nein-Spender einfach keine Chance.

Wer bekommt das Kind?
Da Leihmutterschaft in Deutschland verboten ist, ist Insemination ein Thema für Lesben, meistens lesbische Paare, denn die erheblichen Strapazen einer Alleinerziehenden laden sich nicht ganz so viele freiwillig auf ihre Schultern.

Welche der beiden Frauen das Kind bekommen soll, ist keine so ganz leichte Frage. Die unvergleichliche Erfahrung einer Schwangerschaft wollen vielleicht beide erleben, vielleicht aber auch nicht. Soll es nur ein Kind sein, bedeutet die Entscheidung für die eine Frau, eine möglicherweise entgültige Entscheidung, dass die andere zwar Mutter wird, aber niemals eine Schwangerschaft erleben wird.

Manche Paare bekommen zwei Kinder, das erste die eine, das zweite die andere. Wenn es dem Paar wichtig ist, können die Kinder dann genetische Halbgeschwister werden, wenn der Spender jedes Mal derselbe Mann war. Wer zwei oder mehr Kinder möchte, findet diese Konstellation oft besonders günstig. Und sicherlich spricht viel für die Art von Symmetrie. Allerdings beinhaltet sie in sich zugleich das Risiko, dass bei aller zuvor gelebter Gemeinsamkeit die Biologie im Trennungsfall zuschlägt. Auf einmal sind es dann vielleicht nicht mehr unsere Kinder, sondern eins von dir und eins von mir.

Es ist ganz bestimmt nicht egal, wer das Kind bekommt. Die Beziehungen zwischen Mutter, Mutter und Kind entwickeln sich im Laufe der Zeit. Hier spielen einige Faktoren eine Rolle. Die Frage, in welchem Bauch das Kind gewesen ist, ist dabei eben auch wichtig. Welche Konsequenzen das jedoch hat, ist höchst unterschiedlich. Es heißt auf gar keinen Fall, dass die Beziehung zur biologischen Mutter zwangsläufig enger ist als die zur nicht-biologischen. Wer hat sich in welchen Phasen überwiegend um die Kinder gekümmert? Wer kommt charakterlich besser im Alltag oder in schwierigen Situationen mit dem Kind zurecht? Diese und viele andere Faktoren bestimmen die Beziehungsstruktur der neuen Familie. Die meisten davon lassen sich vorher gar nicht absehen, und manche lassen sich nicht so richtig beeinflussen.

Es gibt noch nicht so viele und noch nicht so lange lesbische oder schwule Familien mit Kindern. Gerade die Familien mit kleinen Kindern können deshalb oft nicht auf erprobten Pfaden wandeln, sondern müssen für viele Fragen, deren Antworten den Heterosexuellen irgendwie leichter fallen, neue Wege finden. Nach dem neuen Lebenspartnerschaftsgesetz ist es jetzt auch Co-Eltern möglich, Erziehungsurlaub zu nehmen. Die intensive Beschäftigung mit dem Kind gerade in frühen Zeiten ist sicher eine Chance und oft eine phantastische Erfahrung. Leider spricht meist die Sache mit dem Stillen gegen die allererste Zeit, aber warum nicht so bald wie möglich abwechseln? Und, mal ehrlich, ich kenne zwar keine Co-Mutter, die es je mit dem Stillen versucht, aber ich kenne sehr, sehr viele die davon überzeugt sind, dass es gehen würde, wenn Co-Frau und Baby es nur einmal ernsthaft versuchten.

Wie kann ich oder wie können wir ein Kind adoptieren?
In Deutschland kann jeder Mensch ein Kind adoptieren. Gemeinsam mit einer anderen Person geht es allerdings nur, wenn diese Personen verheiratet sind. Auch die neue Lebenspartnerschaft hat hieran leider noch nichts geändert. Lesben und Schwule können also nur als Einzelperson ein Kind adoptieren, auch wenn sie dann vielleicht die Sorge für das Kind gemeinsam mit der Partnerin oder dem Partner tragen.

Nun gibt es in Deutschland nicht viele Kinder, die adoptiert werden sollen, und schon gar keine kleinen Kinder. Andererseits gibt es sehr viele Einzelpersonen oder Paare, die ein Kind adoptieren wollen. Die wollen dann meistens auch noch kleine. Realistischerweise muss also davon ausgegangen werden, dass eine Adoption durch eine Einzelperson – sei sie nun homosexuell oder nicht – in Deutschland nicht stattfinden wird. Wer dennoch ein Kind adoptieren möchte, muss sich also auf eine Auslandsadoption einlassen.

Für eine Auslandsadoption gelten alle Regeln einer Adoption hier in Deutschland. Das bedeutet, dass der adoptionswillige Mensch in der Adoptionsvermittlungsstelle des zuständigen Jugendamtes einen Antrag auf Adoptionserlaubnis stellt. Dafür wird ein Lebensbericht und eine schriftliche Begründung des Adoptionswunsches nebst amtsärztlichem Gesundheitszeugnis benötigt. Die MitarbeiterInnen des Jugendamtes führen danach mehrere Gespräche. Es findet auch eine Art Besichtigung der häuslichen Verhältnisse statt. Ziel der Gespräche ist es, rauszufinden, ob die Adoptionswilligen auch wirklich geeignet sind. Denn es geht ja darum, für vorhandene Kinder geeignete Eltern zu finden und nicht Kinder für Eltern.

In den Gesprächen wird versucht, ein Gesamtbild der Situation zu erfassen, in welche das Kind mit der Adoption hineinkommt. Gibt es genug Platz in der Wohnung? Ist die finanzielle Situation gesichert? Wie wird sich der Umgang mit dem Kind gestalten? Können die zukünftigen Eltern mit der besonderen Situation des adoptierten Kindes angemessen umgehen? Am Ende der Gesprächsreihe erstellt das Jugendamt einen Sozialbericht (home-study), der dann ausschlaggebend für die Erteilung einer Adoptionserlaubnis ist. Von der Einreichung des Antrags bis zur Erlaubnis verging jetzt schon mindestens ein dreiviertel Jahr.

Kann ich dem Jugendamt sagen, dass ich homosexuell bin?
Die Erfahrungen mit den Jugendämtern hat gezeigt, dass es zunächst komplizierter wird, wenn ein Lesben- oder Schwulenpaar seine gleichgeschlechtliche Lebensweise offen legt, im Ergebnis ist es jedoch deutlich besser, dies zu tun. Die Tatsache, dass die Betroffenen offen und selbstbewusst zu ihrer Lebensweise stehen, wurde oft positiv gewertet.

Verlogenheit und Verdrängung aber führen nahezu zwangsläufig zu der Einschätzung, dass man oder frau nicht als Erziehungsperson in Frage kommt, zumindest wenn die Lüge auffliegt. Aber auch wenn nicht, besteht doch immer die Gefahr der Verstrickung in Widersprüche. Ich kann mir ehrlich gar nicht vorstellen, wie ein lesbisches oder ein schwules Paar bei der Intensität der Begutachtung einen so wesentlichen Teil seines Lebens dauerhaft verbergen kann. Da müsste mindestens eine zweite Wohnung her, wenn nicht ein neues zweites Leben. Zudem kann die Tatsache, dass eine weitere Person für das Kind Verantwortung übernehmen wird, gerade im Hinblick auf die ökonomische Absicherung von weiterem Vorteil sein.

Die Zusammenarbeit mit den Jugendämtern gestaltet sich nicht immer unproblematisch oder ohne Vorbehalte. Aber: Da auch alleinstehende Heterosexuelle realistischerweise kein deutsches Kind zur Adoption vermittelt bekommen, ist es auch schon wieder egal, ob man es sagt oder nicht. Und dann kann man es genausogut auch gleich sagen. Und bei wirklich alleinstehenden Lesben oder Schwulen braucht diese Frage vielleicht auch nicht wirklich eine Rolle zu spielen.

Wie finde ich oder wie finden wir „unser" Kind im Ausland?

Wer nun seine Adoptionserlaubnis hat, muss in dem Land, aus dem das Kind stammt, das dort vorgeschriebene Adoptionsverfahren durchlaufen. Frau oder man kann also in ein Land fahren, welches Auslandsadoptionen erlaubt und sich dort an die Behörden wenden. Schlauer ist es sicherlich, sich an eine international anerkannte Adoptionsvermittlungsorganisation zu wenden, wobei nicht alle Lesben und Schwule annehmen (s. Anlage). Diese Organisationen sind behilflich bei der Bewältigung des Papierkrieges und der Vermittlung der Kinder.

Wenn alle Unterlagen vorliegen, reist dann der adoptionswillige Mensch in das Herkunftsland und kann dort ein Kind, welches nach dortiger Rechtslage zur Adoption freigegeben ist, adoptieren. Das ist dann aber natürlich nicht wie im Supermarkt, wo man sich einfach eins aussucht. In der Regel heißt es wie aus heiterem Himmel auf einmal: Hier ist ein Kind. Nehmen Sie bitte dieses. Dieser Moment wird von den meisten Adoptionswilligen als sehr eindringlich geschildert, denn plötzlich ist es da, mein oder unser Kind.

Bis zum Abschluss des Adoptionsverfahrens, das oft mehrere Wochen bis Monate dauert, verbleibt das Kind im Herkunftsland mit den neuen Eltern im Hotel, im Waisenhaus oder wird in eine Pflegefamilie gegeben. Erst wenn im Herkunftsland die Adoption rechtskräftig abgeschlossen wurde (in der Regel durch ein Gericht), können die neuen Eltern das Kind mit nach Deutschland nehmen. In Deutschland bleibt dann noch die Pflicht, nach deutschem Recht die Adoption eine zweites Mal zu vollziehen. Erst dann ist das Kind wirklich angekommen.

Das gesamte Verfahren ist nicht nur langwierig, sondern auch teuer. Es sind erhebliche Gebühren für Notare, Gerichte, Beglaubigungen und Übersetzungen zu entrichten. Und auch die Reisen in die Herkunftsländer bei verhältnismäßig langer Aufenthaltsdauer sind nicht billig. Es ist schwer zu sagen, wie viel so eine Auslandsadoption am Ende dann gekostet hat, aber es dürfte sich in der Regel deutlich oberhalb von 5.000 € bewegen.

Gibt es auch innerhalb Deutschlands die Möglichkeit, Verantwortung für ein Kind zu übernehmen?
Diese Möglichkeit besteht im Rahmen einer Pflegschaft. Im Gegensatz zur Adoption gibt es in Deutschland einen echten Bedarf an geeigneten Pflegeeltern. Hier zeigt sich für Lesben und gerade auch für Schwule, denen ja nicht der Weg der Insemination freisteht, eine echte, realistische Möglichkeit, Verantwortung für ein oder mehrere Kinder zu übernehmen.

Das Verfahren zur Übernahme einer Pflegschaft ähnelt dem der Adoption etwas, allerdings besteht der grundlegende Unterschied darin, dass in der Regel der Kontakt zwischen dem Kind und der Herkunftsfamilie bestehen bleibt. Dieser Kontakt findet in einem Rahmen statt, welcher zwischen Pflegeeltern, Herkunftseltern und Jugendamt abgesprochen wird.

Wer ein Pflegekind vermittelt bekommen möchte, stellt einen Antrag bei dem örtlichen Jugendamt mit verschiedenen Unterlagen (beim zuständigen Jugendamt erfragen). MitarbeiterInnen des Jugendamtes führen dann mehrere Gespräche, teilweise auch zuhause, um die Eignung der Bewerbenden zu prüfen. Wer diese Gespräche „überstanden" hat, erhält im positiven Fall eine Pflegeerlaubnis.

Das Jugendamt schlägt dann ein Kind vor. Es finden Treffen zwischen dem Kind, den leiblichen Eltern, den möglichen Pflegeeltern und den SozialarbeiterInnen des Jugendamtes statt. Alle Beteiligten sollen sich kennenlernen. Nur wenn die Beteiligten sich füreinander entscheiden, wird ein Pflegevertrag unterzeichnet. Diese Entscheidung füreinander schließt natürlich auch mit ein, dass die Homosexualität der Pflegeeltern von allen akzeptiert werden kann. Hier gab es in der Vergangenheit gelegentlich Schwierigkeiten, die jedoch teilweise durch intensive Kommunikation aufgelöst werden konnten.

Können wir Paar als gemeinsam die Pflegschaft für ein Kind übernehmen?
Ja!! Im Gegensatz zu allen anderen „Verfahren" besteht die Möglichkeit, dass z. B. ein lesbisches oder schwules Paar gemeinsam juristisch wirksam als Pflegeeltern für ein Kind eingesetzt werden. Diese Möglichkeit ist auch nicht nur theoretisch, sondern wurde in Deutschland schon mehrfach von Paaren genutzt.

Ist ein Pflegekind wirklich „mein" oder „unser" Kind?
Es gibt verschiedene Formen der Pflegschaft:
- Dauerpflege (längere Zeit oder auf Dauer)
- Kurzzeitpflege (z. B. bei Erkrankung der Eltern oder anderen Krisen für einige Wochen oder auch Monate)
- Wochenpflege (einzelne ganze Tage auch über Nacht bei Abwesenheit der Eltern z. B. Schichtdienst)
- Heilpädagogische Pflegestelle für behinderte Kinder (Hierfür ist in der Regel eine heilerzieherische oder pädagogische Qualifikation erforderlich)

Für alle Formen der Pflegschaft, auch für die Dauerpflege besteht aber der gleiche Grundsatz, dass die Fortführung des Kontaktes zur Herkunftsfamilie gewünscht ist und soweit gefördert werden soll, wie es dem Wohl des Kindes dient. Den Pflegeeltern obliegt es also, die Kinder zu stützen, zu fördern oder gleichzeitig auch loszulassen. Diese Rolle ist sicherlich nicht immer nur unproblematisch. Die Vorstellung, dass das Kind, welches einem möglicherweise über Jahre ans Herz gewachsen ist, einmal in die Herkunftsfamilie zurückkehrt, wenn die Bedingungen dort sich verbessert haben, hält anscheinend viele Kinderwünschende davon ab, sich auf eine Pflegestelle einzulassen. Zwar lässt sich sagen, dass dieser Fall recht selten vorkommt, aber theoretisch besteht diese Möglichkeit. Vor allem aber stehen die Pflegeeltern mit dem Pflegekind immer in einem mehr oder weniger aufwendigen Kommunikationszusammenhang mit Herkunftsfamilie und Jugendamt.

Gleichwohl entstehen im Pflegeverhältnis, gerade bei der Dauerpflege, Eltern-Kind-Beziehungen und Familie. Ein Pflegekind kann das Leben seiner Pflegeeltern genauso bereichern wie jedes andere Kind. Die Beziehungen zwischen Pflegeeltern und „ihrem" Kind dauern oft viele Jahre und gerade im Hinblick darauf, wie dringend viele Pflegekinder stabile und verlässliche Beziehungen zu Erwachsenen benötigen, ist es sicherlich eine wichtige, bereichernde und dankbare Aufgabe.

Wer ein Pflegekind aufnehmen möchte, sollte sich ganz besonders genau über seine Motive im klaren sein. Pflegekinder haben in der Regel eine schwierige Vergangenheit, sonst wären sie ja keine Pflegekinder geworden. Für diese Kinder suchen die Jugendämter geeignete Eltern, nicht umgekehrt.

Silke Burmeister-Ruf lebt mit Partnerin Petra Ruf und zwei Kindern in Hamburg. Sie ist aktives Mitglied von ILSE. Erreichbar über ilse@lsvd.de

Claudia von Zglinicki
Die Regenbogenfamilie
Michael

Nein, leicht zu verstehen ist diese Familie nicht: Michael wohnt allein, ist aber verheiratet, die beiden Töchter leben bei seiner Frau, sie sind oft mit ihm zusammen. Seine Frau hat einen Freund, er hat einen Partner, der auch zwei Töchter hat, die leben bei ihm, also bei Michaels Partner. Auch die Schwiegereltern wissen Bescheid und akzeptieren das schwule Paar. Alles klar? Jedenfalls ist es eine richtige Regenbogenfamilie, sagt Michael, eine Familie, in der sich alle mit allen gut verstehen, na, fast alle vielleicht. Diejenigen, denen er das erzählt, staunen. Das Ideal der bunten und liebevollen Familie scheint hier verwirklicht zu sein. Leiser Zweifel kommt auf. Gibt es das wirklich? In einem Dorf am Niederrhein? In einer Veröffentlichung möchte Michael keine Nachnamen nennen, auch die Vornamen sind verändert, um die verschiedenen Menschen seiner Familie zu schützen. Das muss respektiert werden.

Die Biografie des 37-jährigen beginnt glatt: Er ist am Niederrhein groß geworden, er liebt die Gegend, ist dort zur Schule gegangen, hat Zivildienst geleistet, in Köln Betriebswirtschaft studiert und 1990 sein Studium abgeschlossen. Im selben Jahr hat er geheiratet – die erste Frau, zu der er eine Beziehung hatte. Das Ehepaar hat ein Haus gebaut, zwei Töchter bekommen, Lisa und Jana. Natürlich fand Michael nach dem Diplom gleich eine Stelle, in dem Betrieb arbeitet er immer noch. Michaels Frau ist Beamtin. Wie solide und berechenbar, wie treu und zuverlässig, dieser verwirklichte Lebensentwurf. Und kein Bruch, keine offenen Fragen? Doch.

„Schon während des Studiums in Köln", erzählt Michael, „hab ich immer mal geguckt, Schwulsein, was bedeutet das eigentlich? Ins Lesben- und Schwulenzentrum hab ich mich aber nicht reingetraut. Als ich es doch einmal wagte, parkte ich mein Fahrrad vorsichtshalber um die Ecke und lief dann gleich wieder raus. Wenn dich hier einer sieht ..."

Nach der Geburt des ersten Kindes dachte er über die Beziehung zu seiner Frau: Es ist nicht das, was du dir vorstellst. Nach der Geburt der zweiten Tochter spürte er, dass er in eine Sackgasse gelaufen war. Wie er da wieder herauskommen sollte, wusste er nicht. Der Satz, der Michael klar machte, was mit ihm los war, klang dann eigentlich ganz alltäglich. Bei einem Treffen der Grünen fragte einer der anderen Männer ihn: „Gehst du auch zu dem Realo-Treffen?" Danach wusste Michael, dass er schwul ist, aber er hat, so erinnert er sich, noch zwei Jahre lang mit sich gerungen, wie er es beschreibt. „Ich ahnte nicht, wie ich es anstellen sollte, mein Leben zu verändern. Erst im Herbst 1999 kam dann alles Hals über Kopf. Ich sagte meiner Frau, dass ich schwul bin. Sie war völlig aus der Bahn geworfen."

Die erste Anlaufstelle für Michael war das Sozialwerk für Schwule und Lesben. Seine erste Beziehung zu einem Mann dauerte damals nur ein paar Monate. Er fand den anderen „nicht solide genug".

Vor einem Jahr zog Michael nach Köln, richtete sich dort eine Wohnung ein, die zu seinem Bedauern nicht mal einen Balkon hat. Er war so an seinen Garten gewöhnt. In Köln erlebte er das, was er „eine Beziehung zu einem richtigen Schwulen" nennt – „hedonistisch, großstädtisch, mit viel Geld, das auch gern ausgegeben wird". Aber er merkte, dass das nicht seine Welt ist. Er ist nicht so sehr auf das großstädtische Leben versessen; er mag, wie gesagt, kleinere Orte, Landschaften, seinen Garten. Seinen Freund Mathias kennt Michael jetzt seit einem halben Jahr. Mathias lebt mit seinen Kindern im Siegerland, betreut die Kinder in enger Abstimmung und gemeinsam mit seiner Frau.

Michaels Frau macht ihm Mut. Sie sagt: „Es läuft doch alles gut mit uns und für die Kinder." Aber der Alltag ist nicht einfach. Die Entfernung vom Niederrhein ins Siegerland beträgt mehr als 100 Kilometer. Köln liegt dazwischen. Köln, wo Michael das Landei ist, nicht der schicke Schwule in der angesagten Großstadt. Er fragt sich, wie er seine verschiedenen Welten verbinden kann. Sein Freund ist zu weit weg. Michael hat aber auch ein Problem damit, dass seine Frau eine Beziehung zu einem anderen Mann hat. So ganz will er sie vielleicht doch nicht verlieren. Natürlich weiß er, dass er nicht alles haben kann - und nicht alle.

In seinem Betrieb ist Michael gegen seinen Willen von einigen Kollegen geoutet worden, auf eine Weise, die er als Mobbing empfand. Mit der Geschäftsleitung war zum Glück alles gut zu klären, weil Michael ganz offen war und auf Toleranz traf. Trotzdem, der Prozess des Öffentlichmachens, der Mitteilung „Ich bin schwul", hat für ihn zwei Jahre gedauert. Er hat oft auf seine Frau Rücksicht genommen; sicher liegt es ihm auch nicht, sich überall hinzustellen und laut auf sich und die Veränderungen in seinem Leben aufmerksam zu machen. Er möchte jetzt in Ruhe entscheiden, wie es weitergehen soll mit seinem Leben, mit Mathias und allen anderen. Sich in die Anonymität der Großstadt zurückzuziehen, einer Großstadt noch dazu, die neben Berlin wohl die attraktivste für Schwule ist, war möglicherweise nicht das Richtige für Michael. Er spürt in sich eine Stimmung gegen Köln, die wächst. Vielleicht zieht er aufs Land zurück? Er verbringt ohnehin die Hälfte der Zeit auf dem Dorf, schon wegen seiner beiden Töchter, auf die er stolz ist, weil sie so selbstbewusst sind. „Forsch sind sie", sagt er lächelnd. Und fügt hinzu: „Aber man muss sich ständig beweisen, dass die Kinder völlig normal sind, dass es ihnen gut geht; dass sie nicht anders werden, weil ich schwul bin."

Claudia von Zglinicki
Wenn man lesbisch ist, kann man keine Kinder haben
Jeannette

Genau das hat Jeannette früher gedacht. Es ist nicht zu ändern. Schicksal, damit finde ich mich ab. Aber dann erfuhr sie: Es geht doch.

Als sie sich auf der Wochenendtagung des Lesben- und Schwulenverbandes den anderen Frauen und wenigen Männern vorstellt, lehnt Jeannette sich entspannt zurück und lächelt: „Seit zwei Jahren ist dies meine erste Nacht außer Haus." Und auch die erste Nacht fern von den Zwillingen, die im Oktober 1999 geboren wurden, Laura und Nils. Zwei Kinder mit zwei Müttern. Für jede Mutter eins, könnte man sagen. Die andere Frau, Karoline, Jeannettes Partnerin, hat es so ähnlich empfunden, damals, als sich herausstellte, dass Jeannette gleich zwei Kinder erwartete. Jeannette selbst war zuerst nur geschockt. Würde sie das schaffen? Würde ihr Körper diese Last tragen können? Oder würde sie jetzt 30 Kilo zunehmen und nie wieder attraktiv werden? Aber Karoline war froh. Es würde immer ein Baby da sein, das sie brauchte, die Co-Mutter. Nie wäre sie überflüssig. Wunderbar.

Wenn Jeannette heute darüber spricht, versteht sie das alles sehr gut. Ihre Sorgen und Karolines Erleichterung. Dabei war wohl beides überflüssig. Die Panik über das Aussehen und der Gedanke, als Co-Mutter überflüssig zu sein. Die Kinder brauchen beide Mütter. So einfach ist das. Und so schwierig.

Jeannette Howe ist Sozialarbeiterin, 38 Jahre alt, sie lebt mit ihrer Familie in Karlsruhe. Sie arbeitet in der Jugendhilfe mit Familien, Kindern und Jugendlichen. Dabei trifft sie auch Menschen, die nicht zurechtkommen mit ihren Kindern; die dieses Kind nun ganz bestimmt nicht gewollt haben, aber dann war es eben doch da; die sich nicht viele Gedanken über ein Baby gemacht haben. Sie dagegen – welche Mühe ist es gewesen, die Zwillinge zu bekommen. Wie sicher mussten sie und ihre Freundin sein, dass sie unbedingt ein Kind wollten, sonst hätten sie irgendwann auf dem Weg dahin aufgegeben. Wie groß war die Gefahr des Aufgebens. Aber so geht es vielen lesbischen Müttern. Vielleicht sind sie deshalb die besseren Mütter; in Studien wird man das kaum feststellen können. Und was sind überhaupt die besseren Mütter? Die bewussteren Mütter sind sie bestimmt.

Jeannette war 19, als sie auf einem Schulfest ihre Freundin küsste. Wirklich küsste, wie sie sich gut erinnert. Die andere war unglücklich in einen Jungen verliebt und Jeannette war verliebt in dieses Mädchen, aber sie wusste es nicht. „Wir liefen alle hintereinander her", so beschreibt sie es heute. Mit 24 war ihr dann klar, dass die Versuche, mit Männern eine Beziehung zu leben, nicht das Richtige für sie waren. Sie fand ihre erste Partnerin, aber die wollte kein Kind. Da dachte Jeannette, als Lesbe müsse sie eben darauf verzichten.

Dann lernte sie Karoline kennen, zehn Jahre ist das jetzt her. Karoline ist auch Sozialarbeiterin. Für sie beendete Jeannette ihre erste Beziehung. Schon nach ein paar Wochen war der Wunsch nach einem Kind Thema zwischen Jeannette und Karoline. Die Eine sagte, sie sei mit den Männern noch nicht fertig. Die Andere, Jeannette, war sehr verletzt. Diskussionen und Auseinandersetzungen folgten. Schließlich war klar: Es ging ihnen beiden um ein Kind, auch der scheinbar harte Satz über die Männer war so zu verstehen und nicht als Ausdruck der Sehnsucht nach einem Partner. Das „Problem Kind" war von da an nicht mehr zu verdrängen, es bekam Raum in der Beziehung, immer mehr Raum.

Zuerst wollte jede von ihnen ein Baby austragen. Sie suchten nach einem privaten Spender, der später auch den Kontakt zum Kind halten sollte, in vereinbartem Rahmen. Eine Vermittlungsagentur in Frankfurt am Main, die eigentlich Partnerschaften knüpft, ließ sich auf die ungewöhnliche Aufgabe ein und fand einen Mann, der schließlich zustimmte, nach fast endlosen Debatten über alle Vereinbarungen. Nur: Jeannettes Partnerin wurde nicht schwanger. Sie verabschiedete sich daraufhin von ihrem Wunsch, ein Baby auszutragen. Der Satz schreibt sich viel zu schnell hin. Es war ein schwerer Abschied.

Als der Mann das erfuhr, zog er sich zurück. Eine Rivalität zwischen ihm und Jeannette, der Co-Mutter, war entstanden. Auf die neue Situation – Jeannette nicht mehr als Zweite, sondern als die Frau, die das Baby austrägt – wollte er sich nicht einstellen. Auch die beiden Frauen wollten diesen Weg nicht noch einmal gehen, zu viel Zeit, zu viel Nerven hatte er schon gekostet. Sie fuhren nach Holland und besorgten sich Sperma in einer Samenbank. Aber auch die Versuche, zu Hause zu inseminieren, blieben ohne das ersehnte Ergebnis. Jeannette erzählt: „Es kann sein, dass mein Körper zuerst gesagt hat: Jetzt geht es nicht. Zu viel Stress, zu viel Aufregung. Und die Trauer von Karoline, weil sie kein Baby bekommen würde. Es lief auch alles ziemlich abenteuerlich mit den Reisen nach Holland. Als ich endlich doch einmal schwanger geworden war, verlor ich das Kind schnell wieder. Währenddessen hatte ich bei meiner Arbeit immerzu mit Kindern und immer mehr Kindern zu tun, die wie die Pilze auf die Welt kamen. Das hat mich gereizt und aggressiv gemacht. Nach ungefähr einem Jahr merkte ich endgültig, dass ich nicht mehr die Energie hatte, so weiter zu leben."

Jeannette und Karoline suchten einen Arzt für die Insemination. Es kostete sie Überwindung, in den Praxen anzurufen, die heterologe Inseminationen ausführen, und dort zu fragen, ganz direkt: „Wir sind ein Frauenpaar, machen Sie es auch für uns?" Als schließlich eine Ärztin Ja sagte, konnte Jeannette der Auskunft kaum trauen. Sie rief wieder an: „Meinen Sie das wirklich?" „Ja, es ist theoretisch denkbar. Wir müssen miteinander reden, kommen Sie her."

Zu der Gynäkologin fand Jeannette gleich guten Kontakt. Trotzdem dauerte es noch einmal lange, bis sie schwanger war. Wieder begann eine harte Zeit. Die beiden Frauen hatten gemeinsam mit Anderen die Gruppe Les Kids gegründet, für Lesben, die sich ein Kind wünschen. Inzwischen gehören sieben lesbische Familien dazu, 14 Frauen und zwölf Kinder. Damals entstand in der Gruppe ein enormer Leistungsdruck, jedenfalls empfand Jeannette es so. Die anderen wurden schwanger, manche sogar beim ersten Versuch. Und sie? Sie ertrug es nicht mehr, wenn bei einem Treffen schon wieder eine glückliche Frau mit dickem Bauch daherkam. Sie traf die anderen ein ganzes Jahr lang nicht mehr, brauchte Abstand. Noch schwerer als die Gruppe war die Krise in der Partnerschaft auszuhalten: „Manchmal wussten wir nicht mehr, ob wir als Paar noch weiter miteinander leben wollten."

Nach acht Zyklen war Jeannette endlich schwanger. Die Ängste kamen. Albträume über Blutungen und Gefahr für das Baby. Panik. Manchmal fuhr Jeannette nachts ins Krankenhaus, um sicher zu sein, dass alles in Ordnung war. In der sechsten Woche sagte man den werdenden

Müttern: Es sind Zwillinge. Beide Babys wuchsen und wurden spontan geboren. Beide sind gesund. „Wir fühlen uns beschenkt", sagt Jeannette mehrmals im Gespräch. Beschenkt, dass ein Mädchen dabei ist, was bei Inseminationen relativ selten vorkommt. Aber nicht nur deshalb. Überhaupt: beschenkt.

Die Zeit nach der Entbindung war beides, glücklich und mühselig zugleich. Nach zwei Wochen musste Karoline wieder arbeiten, an Sonderurlaub wie bei Vätern war nicht zu denken. Eineinhalb Jahre lang konnten die Frauen keine Nacht durchschlafen.

Als die Zwillinge zehn Monate alt waren, wurden sie getauft. Ein schwuler Pfarrer vollzog die Zeremonie, die Paten sind zwei Frauen und zwei Männer: eine lesbische Freundin, eine heterosexuelle Freundin und ein schwules Paar.

Wer der Vater der Kinder ist, wissen die Mütter nicht. In Deutschland musste die Samenspende anonym bleiben. Jeannette fordert deshalb eine Gesetzesänderung. Spender, so meint sie, sollte man von Unterhaltszahlungen und Erbschaftsansprüchen freistellen. Dann hätten die Kinder die Chance, später einmal den Vater kennen zu lernen. Laura und Nils werden diese Chance nicht haben.

Dirk Siegfried
Rechtliche Situation lesbischer und schwuler Familien

I. Einleitung

Entsprechend der Definition, dass Familie ist, wo Kinder sind, bezeichnen wir als lesbische oder schwule Familien Lebensgemeinschaften mit zumindest einem lesbischen oder schwulen Elternteil und zumindest einem Kind. Diese Familien stellen für das Rechtssystem der Bundesrepublik Deutschland eine Herausforderung dar. Theoretisch müssten sie von dieser Rechtsordnung besonders geschützt und gefördert werden:

So hat das Bundesverfassungsgericht in seiner Entscheidung vom 04.10.1993 zur „Aktion Standesamt" die Diskriminierung gleichgeschlechtlicher Paare – im Verhältnis zu Ehepaaren – damit gerechtfertigt, dass die Ehe vor allem deshalb verfassungsrechtlich geschützt sei, weil sie eine rechtliche Absicherung der Partner bei der Gründung einer Familie mit gemeinsamen Kindern ermöglichen solle (BVerfG NJW 1993, 3058). In der Folgezeit hat sich dann auch in der deutschen Rechtsprechung die behauptete Kinderlosigkeit gleichgeschlechtlicher Paare zum ausschlaggebenden Argument für ihre Ungleichbehandlung entwickelt. Auf den Punkt gebracht hat dies zum Beispiel das Bundesarbeitsgericht in einem Urteil vom 15.05.1997, mit dem es gleichgeschlechtlichen Paaren den Ortszuschlag, den auch kinderlose Ehepaare erhalten, verweigert hat:

„Das folgt daraus, dass die gleichgeschlechtliche Gemeinschaft in tatsächlicher Hinsicht jedenfalls in einem Punkt mit der Ehe nicht vergleichbar ist. Sie ist im Gegensatz zur Ehe nicht zur Reproduktion der Bevölkerung geeignet." (BAG, NJW 1998, 1012, 1013).

In einem Urteil vom 03.04.2001 zur Bemessung des Beitrags zur sozialen Pflegeversicherung hat das Bundesverfassungsgericht es als verfassungswidrig angesehen, von Personen, die Kinder betreuen und erziehen, die gleichen Beiträge zu fordern wie von kinderlosen:

„Art. 3 Abs. 1 i.V.m. Art. 6 Abs. 1 GG ist jedoch dadurch verletzt, dass die Betreuung und Erziehung von Kindern bei der Bemessung von Beiträgen beitragspflichtiger Versicherter keine Berücksichtigung findet. Dadurch wird die Gruppe Versicherter mit Kindern gegenüber kinderlosen Mitgliedern der sozialen Pflegeversicherung, die aus dieser Betreuungs- und Erziehungsleistung im Falle ihrer Pflegebedürftigkeit Nutzen ziehen, in verfassungswidriger Weise benachteiligt." (BVerfG, NJW 2001, 1712, 1714)

Die Behandlung von lesbischen und schwulen Familien und von Lesben und Schwulen mit Kinderwunsch ist also für die dargestellte Rechtsprechung und die Rechtsordnung der Bundesrepublik Deutschland insgesamt ein Testfall: Geht es ihr tatsächlich darum, die Entscheidung für Kinder und die Betreuung und Erziehung von Kindern zu fördern – oder dient die behauptete Kinderlosigkeit von Lesben und Schwulen lediglich als letztes verbliebenes, weil politisch noch halbwegs korrektes Argument zu ihrer rechtlichen Diskriminierung? Die zitierten Entscheidungen sollten auf jeden Fall dazu genutzt werden, die Rechtsprechung mit ihren eigenen Maßstäben zu konfrontieren, um so bisher verweigerte Rechte zu erstreiten.

II. Fragen und Antworten

1. Wie kommen wir rechtmäßig zum Kind?

Die bei der Adoption und der Pflegschaft regelmäßig auftauchenden Rechtsfragen sind schon in dem Beitrag von Silke Burmeister behandelt worden. Bei der Realisierung des Kinderwunsches durch schlichten Geschlechtsverkehr gibt es keine nennenswerten rechtlichen Beschränkungen. Rechtlich noch näher zu betrachten ist die **Fremdinsemination**:

Macht sich die hoffentlich zukünftige Mutter bei der Fremdinsemination strafbar? Nein!

Machen sich Ärzte, die bei der Fremdinsemination helfen, strafbar? Nein! Es gibt allerdings die Auffassung, dass die Hilfe eines Arztes bei der Fremdinsemination gegen ärztliches Berufsrecht verstößt. Diese

Auffassung kann sich zwar nicht auf geschriebene Regelungen zur Fremdinsemination berufen, wendet jedoch deswegen, weil es solche Regelungen überhaupt nicht gibt, die Regelungen zur In-Vitro-Fertilisation (das ist die Vereinigung einer Eizelle mit einer Samenzelle außerhalb des Körpers) entsprechend an. Nach diesen Richtlinien kommt eine In-Vitro-Fertilisation grundsätzlich nur bei Ehepaaren in Betracht und auch dort nur dann, wenn alle anderen Möglichkeiten zur Herbeiführung einer Schwangerschaft bereits gescheitert sind. Die Auffassung, dass diese Richtlinien auch für die Fremdinsemination gelten soll, ist jedoch abzulehnen. Sie wird auch z. B. von der Ärztekammer Berlin mit der überzeugenden Begründung abgelehnt, dass eine Regelung, die die Berufsausübung einschränkt, nicht auf nicht geregelte Sachverhalte ausgedehnt werden darf, auch dann nicht, wenn diese ähnlich wären. Allerdings rät die Ärztekammer Berlin dann doch wieder von der – gerade für berufsrechtlich jedenfalls nicht verboten erklärten – Hilfe eines Arztes bei der Fremdinsemination mit der Begründung ab, dieser könne möglicherweise für den Unterhalt des Kindes schadenersatzpflichtig werden, da er an dessen Entstehung mitgewirkt habe. Diese Auffassung ist zwar absurd, dürfte jedoch in der Praxis dazu führen, dass es schwierig ist, Ärzte zu finden, die zur Hilfe bei einer Fremdinsemination bereit sind.

Dürfen andere Personen bei der Fremdinsemination helfen? Ja. Dies wäre nur dann verboten, wenn es sich bei der Fremdinsemination um einen Heileingriff handeln sollte. Denn für Heileingriffe gibt es ein ärztliches Monopol. Da es sich bei der Fremdinsemination nicht um einen „Heileingriff" handelt, gibt es für sie kein ärztliches Monopol.

2. Wer sind dann die Eltern?

Bei der Mutter ist dies noch recht leicht zu beantworten: In Deutschland ist die Leihmutterschaft verboten. „Mutter eines Kindes ist die Frau, die es geboren hat." (§ 1591 BGB)

Beim Vater ist dies schwieriger: Falls die Mutter zum Zeitpunkt der Geburt des Kindes verheiratet ist, gilt zunächst einmal der Ehemann rechtlich als Vater. Solange kein Gericht rechtskräftig festgestellt hat, daß der Ehemann nicht der Vater ist, besteht dessen Vaterschaft unabhängig davon, ob er leiblicher Vater ist oder nicht. Falls die Mutter nicht verheiratet ist, ist Vater derjenige, der die Vaterschaft anerkannt hat oder dessen Vaterschaft in einem gerichtlichen Verfahren – notfalls nach Einholung eines Abstammungsgutachtens – festgestellt worden ist. Die Vaterschaftsanerkennung kann schon vor der Geburt des Kindes geschehen. Die Zustimmung der Mutter ist zur Rechtswirksamkeit erforderlich. Beide Erklärungen müssen öffentlich beurkundet werden; z. B. beim Jugendamt oder notariell. Auch die Vaterschaftsanerkennung ist unabhängig davon wirksam, ob die Vaterschaft biologisch tatsächlich gegeben ist. Die sich daraus ergebenden Missbrauchsmöglichkeiten wurden bei der Gesetzgebung im Interesse der Rechtsklarheit hingenommen.

Wem steht die elterliche Sorge für das Kind zu?
Falls die Eltern miteinander verheiratet sind, steht die elterliche Sorge grundsätzlich beiden Eltern zu. Dies soll regelmäßig auch nach einer Scheidung so bleiben. Davon abweichende Vereinbarungen der Eltern können nicht rechtswirksam geschlossen werden. Erforderlich ist vielmehr eine gerichtliche Entscheidung, die sich ausschließlich am Kindeswohl zu orientieren hat und üblicherweise erst nach Anhörung des Jugendamtes ergeht.

Falls die Eltern nicht miteinander verheiratet sind, gibt es nur zwei Möglichkeiten: Entweder die Mutter erhält das alleinige Sorgerecht oder die Eltern erklären übereinstimmend in einer öffentlichen Urkunde (z. B. beim Jugendamt oder notariell), die elterliche Sorge gemeinsam ausüben zu wollen. Auch diese Erklärungen können schon vor der Geburt des Kindes, aber jedenfalls nicht vor der Zeugung abgegeben werden. Daraus folgt: Schwule können rechtlich wirksam Vater werden. Dazu müssen sie nicht einmal unbedingt biologisch der Vater sein. Vereinbarungen darüber, dass die elterliche Sorge ausschließlich dem Vater zusteht, sind jedoch nicht wirksam. Unwirksam sind auch Vereinbarungen, wonach die elterliche Sorge zwei Frauen oder zwei Männern zustehen soll. Dieses Ergebnis lässt sich derzeit in Deutschland auf keinem Weg erzielen.

Wer ist unterhaltspflichtig und was lässt sich daran ändern?
Dem Kind gegenüber sind die rechtlichen Eltern unterhaltspflichtig. Auf diese Unterhaltspflicht kann nicht rechtlich wirksam verzichtet

werden, insbesondere auch nicht durch eine Vereinbarung zwischen beiden Eltern. Denn es handelt sich hier um einen Rechtsanspruch des Kindes. Möglich sind allenfalls Vereinbarungen, mit denen der andere Elternteil oder dritte Personen (z. B. Co-Eltern) sich gegenüber dem eigentlich unterhaltspflichtigen Elternteil verpflichten, diesen von seiner Verpflichtung gegenüber dem Kind freizustellen. Allerdings wirkt eine solche Vereinbarung nicht zu Lasten des Kindes. Dies hat zur Folge, dass der freigestellte Elternteil dann doch zu Unterhaltsleistungen herangezogen werden kann, wenn diejenige Person, die die Freistellungserklärung abgegeben hat, hierzu nicht bereit oder in der Lage ist. Wichtig ist, dass die Unterhaltsverpflichtung der Eltern Sozialleistungen vorgeht. Falls z. B. Sozialhilfe oder Unterhaltsvorschuss im Bedarfsfall trotz einer bestehenden Unterhaltsverpflichtung erbracht werden, muss der unterhaltspflichtige Elternteil damit rechnen, von den Sozial- bzw. Jugendämtern zur Erstattung dieser Leistungen aufgefordert zu werden.

Muss die Mutter den Vater eigentlich bei den Behörden angeben?

Hier ist zu unterscheiden: Falls eine Behörde – z. B. das Standesamt bei der Eintragung der Geburt – nach dem rechtlichen Vater fragt, nur dann, wenn ein solcher tatsächlich existiert, also dann, wenn die Mutter entweder verheiratet ist oder eine Vaterschaftsanerkennung vorliegt oder die Vaterschaft bereits gerichtlich festgestellt wurde. Andere Behörden, vor allem solche, die Sozialleistungen erbringen (z. B. Sozialämter) fragen aber auch, falls ein rechtlicher Vater noch nicht feststeht, nach dem biologischen Vater. Dies soll der Feststellung dienen, ob Unterhaltsansprüche geltend gemacht werden können, also entweder die Bedürftigkeit nicht gegeben ist oder jedenfalls Erstattungsansprüche gegen den Vater bestehen. Hier ist die Mutter auch grundsätzlich zur Mitwirkung verpflichtet. Falls sie jedoch glaubhaft erklärt, den Vater nicht zu kennen, kann ihr auch nicht vorgeworfen werden, dass sie zur Mitwirkung nicht bereit ist. Ihr dürfen daraus dann keine Nachteile entstehen.

Was ist eigentlich, wenn die Mutter Ausländerin oder der Vater Ausländer ist?

Wenn der andere Elternteil die deutsche Staatsangehörigkeit besitzt, erwirbt auch das Kind die deutsche Staatsangehörigkeit. Dies gilt auch dann, wenn beide Eltern Ausländer sind, aber zumindest ein Elternteil seit acht Jahren rechtmäßig den gewöhnlichen Aufenthalt im Inland hat und bei der Geburt des Kindes eine Aufenthaltsberechtigung oder seit drei Jahren eine unbefristete Aufenthaltserlaubnis besitzt. Dies kann für denjenigen Elternteil, der noch kein derart gesichertes Aufenthaltsrecht hat, ausländerrechtliche Vorteile mit sich bringen: Zur Ausübung der elterlichen Sorge ist dem ausländischen Elternteil eines minderjährigen ledigen Deutschen eine Aufenthaltserlaubnis zu erteilen. Hierauf besteht ein Rechtsanspruch, dies sogar dann, wenn alle Beteiligten von Sozialhilfe leben. Voraussetzung ist allerdings das Bestehen einer familiären Lebensgemeinschaft. Die Aufenthaltserlaubnis kann sogar dem nicht sorgeberechtigten Elternteil eines minderjährigen ledigen Deutschen erteilt werden, wenn die familiäre Gemeinschaft schon im Bundesgebiet gelebt wird. Diese Rechtsfolge kann wichtig sein bei der Entscheidung der Frage, wer bei dem Kinderwunsch eines lesbischen oder schwulen Paares rechtlich Mutter bzw. Vater werden soll. Es können so unter Umständen gleichzeitig ein Kinderwunsch realisiert und ein aufenthaltsrechtliches Problem gelöst werden.

3. Welche Rechte und Pflichten haben Co-Eltern im Verhältnis zum Kind?

Co-Eltern sind z. B. die Partnerin der Mutter oder der Partner des Vaters. Sie haben grundsätzlich keine Rechte oder Pflichten im Verhältnis zum Kind. Es gibt z. B. keine gesetzliche **Unterhaltsverpflichtung**, kein wechselseitiges gesetzliches Erbrecht und auch kein **Umgangsrecht** im Falle der Trennung. Allerdings kann eine Unterhaltsverpflichtung des Co-Elternteils vertraglich begründet werden. Zu beachten ist hier aber wieder, dass sich dadurch die Unterhaltsverpflichtung eines Elternteils nicht wirksam gegenüber dem Kind ausschließen lässt. Auch ein Umgangsrecht im Falle der Trennung lässt sich vertraglich begründen. Es besteht hier aber das Risiko, dass dies von einem Gericht nicht als wirksam angesehen werden könnte, wenn es der Auffassung ist, dass der Umgang mit dem Co-Elternteil nicht im Kindeswohl liegt.

Die Befugnis des Co-Elternteils, für das Kind zu handeln oder zu entscheiden, lässt sich durch Erteilung einer **Vollmacht** schaffen. Zu beachten ist hier, dass eine solche Vollmacht, falls die elterliche Sorge auch dem Vater zusteht, auch von diesem erteilt werden muss.

4. Was ändert sich, wenn Co-Mutter und Mutter bzw. Co-Vater und Vater eine Lebenspartnerschaft eingehen?

Nicht so sehr viel! § 9 des Lebenspartnerschaftsgesetzes (LPartG) gibt dem Co-Elternteil das **„kleine Sorgerecht"**. Voraussetzung ist allerdings, dass das alleinige Sorgerecht der Lebenspartnerin bzw. dem Lebenspartner zusteht. Dies wird bei schwulen Vätern nur äußerst selten der Fall sein und auch bei lesbischen Müttern jedenfalls dann meistens nicht, wenn die Kinder aus einer früheren Ehe stammen. Auch die Wirkungen des „kleinen Sorgerechts" sind beschränkt: Es führt nur dazu, dass der Co-Elternteil „im Einvernehmen mit dem sorgeberechtigten Elternteil die Befugnis zur Mitentscheidung in Angelegenheiten des täglichen Lebens des Kindes" hat und bei Gefahr im Verzug dazu berechtigt ist, „alle Rechtshandlungen vorzunehmen, die zum Wohl des Kindes notwendig sind". In einer funktionierenden Beziehung dürfte dies auch ohne Eingehung der Lebenspartnerschaft selbstverständlich sein und auch bei Eingehung der Lebenspartnerschaft besteht das „kleine Sorgerecht" dann nicht mehr, wenn die Lebenspartner nicht nur vorübergehend getrennt leben. Das „kleine Sorgerecht" bei Eingehung der Lebenspartnerschaft stellt also keine wesentliche Verbesserung dar.

Immerhin gibt § 1685 Abs. 2 BGB auch der Co-Mutter bzw. dem Co-Vater im Falle der gescheiterten Lebenspartnerschaft ein **Umgangsrecht** mit dem Kind, soweit dies dem Wohl des Kindes dient. Eine ausdrückliche Vereinbarung ist dafür nicht mehr erforderlich.

§ 11 LPartG führt außerdem dazu, dass Co-Eltern und Kinder miteinander **verschwägert** sind. Dies ist Voraussetzung für einige Rechtsfolgen in weiteren Rechtsgebieten, z. B. wechselseitige Aussageverweigerungsrechte in gerichtlichen Verfahren.

Ausgeschlossen ist auch bei Eingehung der Lebenspartnerschaft das Recht der gemeinsamen **Adoption**. Es fehlt sogar die Möglichkeit der Adoption durch die Co-Mutter oder den Co-Vater. Das Gesetz sieht nicht einmal die Möglichkeit vor, dass die Kinder deren **Namen** annehmen, wenn der leibliche Elternteil den Namen bei Eingehung der Partnerschaft aufgibt.

Auch bei bestehender Lebenspartnerschaft lässt sich ein gemeinsames Sorgerecht von Mutter und Co-Mutter nicht begründen. Das Gesetz sieht nicht einmal vor, dass im Falle des Todes des leiblichen Elternteils das Sorgerecht auf den Co-Elternteil übergeht. Zu empfehlen ist hier eine vorsorgliche Erklärung der Mutter, im Falle ihres Todes die Co-Mutter zur Vormünderin zu bestellen. Falls ein gemeinsames Sorgerecht mit dem Vater besteht, würde diesem aber im Falle des Todes automatisch das ausschließliche Sorgerecht zufallen.

Auch an dem **Fehlen einer gesetzlichen Unterhaltsverpflichtung** zwischen Co-Eltern und Kindern ändert die Eingehung einer Lebenspartnerschaft zwischen Elternteil und Co-Elternteil nichts. Dies führt dazu, dass tatsächlich von dem Co-Elternteil geleistete Beiträge zum Unterhalt der Kinder in der Regel nicht absetzbar sind, nicht einmal nach § 33a EStG. Nur dann, wenn Sozialleistungen, auf die eigentlich ein Anspruch der Kinder bestünde, im Hinblick auf die Unterhaltsleistungen des Co-Elternteil gekürzt oder sogar gestrichen werden, können diese Unterhaltsleistungen nach § 33a EStG als „außergewöhnliche Belastung in besonderen Fällen" bis zu einem Höchstbetrag von derzeit 7188 € abgesetzt werden.

Die Situation, dass Sozialleistungen wegen tatsächlicher oder vermuteter Unterhaltsleistungen der Co-Eltern gekürzt oder gestrichen werden, kann zwar auch ohne Eingehung der Lebenspartnerschaft eintreten. Allerdings wird dieses Risiko durch die Eingehung der Lebenspartnerschaft erhöht. Da die Kinder nach § 11 LPartG mit der Lebenspartnerin der Mutter bzw. dem Lebenspartner des Vaters verschwägert sind, wird nach § 16 BSHG vermutet, dass sie von dem Co-Elternteil Leistungen zum Lebensunterhalt erhalten, soweit dies nach dessen Einkommen und Vermögen erwartet werden kann. Es muss also bei bestehender Lebenspartnerschaft nachgewiesen werden, dass die Kinder von dem Co-Elternteil tatsächlich keine Leistungen erhalten.

Wenn die Co-Mutter oder der Co-Vater **arbeitslos** wird, kann sich das Zusammenleben mit dem Kind der Lebenspartnerin bzw. des Lebenspartners positiv auswirken: Voraussetzung für einen Anspruch von Arbeitslosengeld ist eine sozialversicherungspflichtige Beschäftigung von mindestens einem Jahr innerhalb einer sogenannten Rahmenfrist von drei Jahren. Diese Rahmenfrist verlängert sich auf insgesamt höchstens fünf Jahre um die Zeiten, in denen der Arbeitslose sein noch nicht drei Jahre altes Kind bzw. das Kind seines Lebenspartners erzogen hat. Es kommt hinzu, dass sich dann, wenn der Arbeitslose oder sein Lebenspartner ein Kind hat, auch der **Leistungssatz** erhöht – und zwar bei Arbeitslosengeld von 60 % auf 67 % und bei Arbeitslosenhilfe von 53 % auf 57 %.

Kinderfreibeträge oder Haushaltsfreibeträge für Kinderbetreuung können Co-Eltern **nicht** für die in ihrem Haushalt lebenden Kinder ihrer Lebenspartner geltend machen. Allerdings ist unter Umständen ein Anspruch auf **Erziehungsgeld** gegeben.

In der **gesetzlichen Krankenversicherung** können auch Kinder von Lebenspartnern **beitragsfrei mitversichert sein** – und zwar dann, wenn das versicherte Mitglied die Kinder des Lebenspartners überwiegend unterhält. Dies gilt auch für die **Pflegeversicherung**. Anders ist dies jedoch in der **gesetzlichen Rentenversicherung**: Hier ist kein Anspruch der Kinder auf **Waisengeld** im Falle des Todes des Co-Elternteils gegeben, sogar dann nicht, wenn der Co-Elternteil vor dem Tod den Kindesunterhalt ganz oder überwiegend bestritten hat.

Auch ein **gesetzliches Erbrecht** der Kinder im Falle des Todes der Co-Eltern ist nicht gegeben. Das Fehlen eines gesetzlichen Erbrechts bedeutet, dass das Kind dann, wenn keine letztwillige Verfügung existiert, nicht Erbe wird. Selbstverständlich gibt es aber die Möglichkeit, das Kind zum Erben einzusetzen. Dies kann durch ein Testament geschehen, aber auch durch einen Erbvertrag zwischen dem Elternteil und dem Co-Elternteil. Das Fehlen eines gesetzlichen Erbrechts hat zur Folge, dass dem Kind auch kein **Pflichtteilsrecht** für den Fall zusteht, dass es in einer letztwilligen Verfügung des Co-Elternteils übergangen wird.

Bei der **Erbschaftssteuer** werden Co-Eltern und Kinder wie Fremde behandelt. Es gibt hier also keinerlei Vergünstigungen, selbst dann nicht, wenn Co-Elternteil und Elternteil eine Lebenspartnerschaft begründet hatten.

5. Wie ist das Verhältnis zwischen Mutter und Co-Mutter bzw. Vater und Co-Vater geregelt?

Ohne Eingehung einer Lebenspartnerschaft gibt es hierzu überhaupt keine gesetzlichen Regelungen. Einzelne Rechte bzw. Pflichten können durch einen **Vertrag** begründet werden; z. B. ein Unterhaltsrecht desjenigen Partners, der sich in erster Linie um die Kinder kümmert und hierfür auf eigene Berufstätigkeit oder berufliche Entwicklungsmöglichkeiten verzichtet. Es ist aber nicht möglich, durch einen Vertrag das Sorgerecht auf den Co-Elternteil zu übertragen oder auf die Ausübung des eigenen Sorgerechts zu verzichten. Daraus folgt auch, dass derjenige Elternteil, der die elterliche Sorge hat, sich nicht rechtlich wirksam gegenüber dem Co-Elternteil auf bestimmte Grundsätze der Erziehung und Betreuung des Kindes festlegen kann.

Auch das rechtliche Verhältnis zwischen Co-Elternteil und Elternteil verändert sich in einigen Punkten, wenn beide eine **Lebenspartnerschaft** begründet haben:

Vor allem führt die Lebenspartnerschaft zu einer **gesetzlichen Unterhaltspflicht**. Falls danach ein Unterhaltsanspruch gegeben ist, kann der bedürftige Partner allerdings nur Unterhaltszahlungen in der Höhe seines eigenen Bedarfes fordern. Der zusätzliche Bedarf eines im Haushalt lebenden Kindes spielt bei der Bemessung der **Unterhaltshöhe** regelmäßig keine Rolle. Bei der Frage, ob überhaupt ein Unterhaltsanspruch besteht, kann allerdings die Betreuung eines Kindes von entscheidender Bedeutung sein: Bei getrennt lebenden Partnern und erst recht auch bei Partnern, deren Lebenspartnerschaft bereits rechtskräftig aufgehoben wurde, ist ein Unterhaltsanspruch dann nicht gegeben, wenn der bedürftige Lebenspartner es unterlässt, den Lebensunterhalt durch zumutbare Erwerbstätigkeit selbst zu bestreiten. Bei der Frage, ob überhaupt und gegebenenfalls welche Erwerbstätigkeit zumutbar ist, kann es von entscheidender Bedeutung sein, wenn der bedürftige Partner entsprechend der ursprünglich gemeinsamen Lebensplanung ein Kind oder gar mehrere Kinder betreut.

Die Schaffung einer gesetzlichen Unterhaltsverpflichtung aufgrund der Eingehung einer Lebenspartnerschaft führt allerdings **nicht zu einer nennenswerten steuerlichen Entlastung.** Insbesondere das Ehegattensplitting, das auch kinderlosen Ehepaaren gewährt wird, bleibt Lebenspartnern verwehrt, dies sogar dann, wenn in der Lebenspartnerschaft Kinder aufwachsen.

Weit unterhalb der Vorteile des Ehegattensplittings führt die Schaffung einer gesetzlichen Unterhaltsverpflichtung dazu, dass gemäß § 33a EStG Aufwendungen für den Unterhalt des Lebenspartners bis zu einer Höhe von derzeit 7.188,00 € pro Kalenderjahr als außergewöhnliche Belastung vom Gesamtbetrag der Einkünfte abgezogen werden können. Dieser Höchstbetrag wird jedenfalls dann zugrundegelegt, wenn der Lebenspartner im Haushalt des Steuerpflichtigen lebt und über eigene Einkünfte nicht verfügt.

Im Gegensatz zur Ehescheidung findet bei Aufhebung einer Lebenspartnerschaft ein **Versorgungsausgleich** nicht statt. Auch dann nicht, wenn in der Partnerschaft Kinder aufgewachsen sind. Es gibt also – anders als sogar bei der kinderlosen Ehe – keine Übertragung von Rentenanwartschaften auf das Konto desjenigen Lebenspartners, der im Laufe der Partnerschaft geringere Anwartschaften erworben hat. Dies wirkt sich besonders dann negativ aus, wenn der Erwerb geringerer Rentenanwartschaften darauf zurückzuführen ist, dass sich dieser Lebenspartner aufgrund eines gemeinsamen Lebensplanes verstärkt um die Erziehung und Betreuung von Kindern gekümmert hat. Daraus kann sich die Notwendigkeit ergeben, diesen Partner rechtzeitig anderweitig – z. B. durch eine Lebensversicherung – abzusichern.

Auch aus der **gesetzlichen Rentenversicherung** erhält ein Lebenspartner im Todesfall **keine Hinterbliebenenrente.** Auch dies gilt unabhängig davon, ob und inwiefern der hinterbliebene Lebenspartner innerhalb der Partnerschaft vorrangig die Aufgabe übernommen hatte, sich um ein Kind oder gar mehrere Kinder zu kümmern. Angesichts dessen, dass selbst bei der kinderlosen Ehe die Witwe bzw. der Witwer selbstverständlich eine Hinterbliebenenrente aus der gesetzlichen Rentenversicherung erhält, ist diese Ungleichbehandlung mit der in der Einleitung zitierten Rechtsprechung nicht zu vereinbaren.

Es ist hier und auch bei anderen Ungleichbehandlungen gerade im Verhältnis zur kinderlosen Ehe mit Musterprozessen zu rechnen. Solange diese nicht zum erhofften Erfolg geführt haben, ist Lesben und Schwulen mit Kindern bzw. Kinderwunsch zu empfehlen, sich offen mit ihrer rechtlichen Situation auseinanderzusetzen und dabei auch eine mögliche Trennung und den Tod nicht auszublenden und Lösungen zu suchen, die die Interessen aller Beteiligten möglichst gleichmäßig wahren.

Der Autor, **Dirk Siegfried,** ist Rechtsanwalt und Notar in Berlin (Motzstraße 1, 10777 Berlin) und Mitglied der Bundesarbeitsgemeinschaft Schwule Juristen.

Literaturhinweise siehe Anhang

Claudia von Zglinicki
Wer ist eigentlich die andere Frau?
Moni und Lisa

Worüber sie vor allem reden möchte, sagt Moni, ist etwas ganz Einfaches: wie schön es ist, als Lesbenpaar Kinder zu haben. Das ist das Wichtigste.

Moni Herrmann-Green ist 38 Jahre alt, Lisa Herrmann-Green 32. Beide sind Psychologinnen und leben in Konstanz – Konschtanz, wie sie sagen, vor allem die Stuttgarterin Moni schwäbelt so, aber auch Lisa, die Amerikanerin aus New Jersey. Sie haben zwei Kinder, Lena und Dylan Herrmann-Green. Und jetzt ist Lisa wieder schwanger, wie die beiden mit Wonne erzählen. Aber Lisa fügt gleich hinzu, man müsse auch davon sprechen, wie viele Hürden zu nehmen sind, wenn zwei Frauen als Paar Kinder wollen.

1989 kam Lisa im Austausch für ein Jahr nach Konstanz. Moni und Lisa verbrachten viel Zeit gemeinsam und verliebten sich schließlich ineinander, sechs Wochen vor Lisas Rückkehr in die USA. Für Lisa war Moni die erste Frau, mit der sie eine Beziehung einging. Und ausgerechnet jetzt musste sie nach sechs Wochen wieder abreisen. Ein Jahr der Telefonkontakte und Briefe begann. Noch länger konnte das so nicht weitergehen; Lisa reiste nach Deutschland, um sich zu entscheiden. Mit einem Koffer und 300 Dollar zog sie in Monis Wohngemeinschaft ein - und stand da „mit nix", wie sie erzählt. Ihr Undergraduate Studium aus Amerika galt in Deutschland nur als Hochschulreife. Eine Berufsausbildung durfte sie nicht anfangen, weil sie angeblich noch nicht gut genug Deutsch konnte, die Schriftsprache jedenfalls nicht perfekt beherrschte. Nur an der Universität sah man da kein Problem. So begann Lisa, Psychologie zu studieren, damit war sie zugleich versichert und das Problem der Aufenthaltsgenehmigung hatte sich auch erst mal geregelt. Ein Schritt ins „normale" Leben in Deutschland. Gelebt hat Lisa dann von Jobs, mit denen sie 15 Mark in der Stunde verdiente; Küchenarbeit, putzen, Briefe sortieren. Sie nahm an, was sich bot, aber sie fühlte sich in dieser Zeit nicht als ganzer Mensch. Irgendwie musste es trotzdem gehen.

Für Moni war Psychologie das zweite Studium. Sie war schon Diplombetriebswirtin in der Fachrichtung Steuern, eine sichere Sache, mit der sie im Notfall Geld verdienen konnte, aber mehr bedeutete ihr der Beruf nicht. Nie wollte sie dabei bleiben. Nach dem ersten Diplom wandte sie sich deshalb ihrem seit Jahren schon gehegten Interesse zu, der Psychologie.

Im Januar 1992 zogen die beiden Frauen in eine gemeinsame Wohnung. Keine WG mehr, nur noch sie beide. Und dann begann Lisa, von ihrem Kinderwunsch zu sprechen. Moni fand die Idee schön, konnte sich aber noch nicht vorstellen, wie der Wunsch in die Wirklichkeit umzusetzen wäre. Außerdem sprach vieles dagegen. Würde das Kind nicht diskriminiert werden? Die finanzielle Lage der Frauen war ungewiss, und ob Lisa in Deutschland bleiben konnte, wussten sie auch noch nicht genau. Die Zeit, in der beide sich allmählich darüber klar wurden, ob sie ein Baby wollten oder nicht, empfand Lisa noch einmal wie ein Coming out. Nicht nur Lesbe sein, sondern Lesbe mit Kind. Schwierig. Sehr schwierig.

Warum eigentlich? Lisa sagt: „Wenn man sich überlegt, ob man Kinder möchte, wird einem deutlich, dass ein gesellschaftliches Vorurteil existiert, das sagt: Lesben und Schwule sind nicht in der Lage, Kinder gut zu erziehen. Als ich darüber nachgedacht habe, bin ich auf dieses Vorurteil in mir selbst gestoßen. Diese internalisierte Homophobie muss man für sich erkennen und sich davon lösen, um sich für ein Kind entscheiden zu können." Schließlich hatten sie sich entschlossen. Lisa sollte das Baby austragen. Aber war das Risiko für Lisa nicht zu groß, wenn sie an die Aufenthaltsgenehmigung dachten? Das schien ihnen zu unsicher. Also konnte es doch Moni sein, die das Baby bekommt. Eigentlich einfach. Aber Moni musste sich erst mit dem Gedanken anfreunden. Ein Umdenken war wohl bei beiden nötig. Lisa stellte schließlich fest, dass es ihr eigentlich egal war, woher das Kind kommt. Hauptsache, ein Kind. Und bald. Also sollte Moni das erste kriegen. Dass es das erste – und nicht das einzige – Baby sein würde, wünschten sich die beiden zu der Zeit schon.

Moni erinnert sich, wie es weiterging: „Das war ein langer Prozess, das kannscht du net nur g`schwind überlege. Was wär jetzt das Beste – auch fürs Kind?" Die Freunde, die sie gefragt hatten, ob sie möglicherweise Vater werden wollten, lehnten ab, als es „hart auf hart kam". So

Foto: Katharina Mouratidi

Moni Herrmann-Green und Lisa Herrmann-Green mit Lena

drückt Lisa es aus und fügt lachend hinzu: „Gekniffen haben sie alle!"
Sie dachten dann lange über die Vor- und Nachteile von anonymen und
nicht-anonymen Spendern nach und entschieden sich für einen anonymen Samenspender, dessen Identität dem Kind nie eröffnet werden
kann. Durch die Anonymität war das Baby für sie von Anfang an ihr
gemeinsames Kind. Sie versprachen sich davon auch einen gewissen
Schutz für die nicht leibliche Mutter, für die Frau, die das Baby nicht in
ihrem Bauch getragen hatte, für Lisa. Für das Kind stand eines damit
unabänderlich fest: Es wird den Samenspender (Soll man ihn überhaupt
Vater nennen?) nicht kennen lernen. Nichts könnte irgendwann von
der Bereitschaft des Mannes abhängen, sich mit dem Kind zu treffen.
Kein Traumbild wird über die Jahre zu entwickeln sein, immer mit dem
Gedanken: Eines Tages treffe ich ihn und er ist toll. Alles ist von Anfang
an klar, ein eindeutiger Rahmen ist festgelegt: Die Familie - das sind zwei
Mütter und ihre Kinder.

Und dann hatten sie Glück, unglaubliches Glück. Moni wurde nach der
ersten Insemination schwanger. Trotzdem war es Stress. Der größte in
Monis Leben, neben der Geburt, meint sie heute. Aber das Glück setzte
sich fort. Die Schwangerschaft, eine Zeit wie die zweiten Flitterwochen.
Alle Bekannten reagierten positiv. Das Kind existierte ja schon, da verflogen die Bedenken. Nur eine Reaktion störte Moni: Manche Leute
fragten, warum gerade sie das Baby bekam und nicht Lisa. Aber so
wichtig war das auch wieder nicht. Moni war fast fertig mit dem Studium, als sie schwanger wurde. Sie schrieb an ihrer Diplomarbeit, das
Baby wuchs in ihr, das Leben war schön. Im Dezember 1995 wurde
Lena geboren. Am Heiligabend war die Familie komplett zu Hause. Die
Mütter hatten Zeit für ihr Kind. Lisa erzählt: „Wir saßen vier Wochen
lang um unsere Tochter herum und warteten immer darauf, dass sie
wieder wach wurde."

Was eine leibliche Mutter zu tun hat, meinen alle genau zu wissen. Wie
aber, wenn da zwei Mütter sind? Moni und Lisa versuchten, Aufgaben
für die Co-Mutter festzulegen und die Rollen zwischen sich zu verteilen.
Wer ist sie, diese zweite Frau? Für sie beide war das kein Problem,
aber für die Außenwelt war es oft schwierig, ist es manchmal noch.
Viele Menschen spüren offenbar den Drang, eine Frau zu bestimmen,
die die Mutter sein soll. Moni erlebte es so: „Als ich gestillt habe, war
ich die Mutter, nur ich. Die andere Frau war irgendwer. Als ich nicht

mehr stillte, war nicht mehr auf Anhieb sichtbar, wer wer ist. Manche Leute wussten schon gar nicht mehr, wer das Kind ausgetragen hat. Wir haben dann bewusst immer nur von unserem Kind gesprochen und alles andere, was so gesagt wurde, das Kind von der Moni, zum Beispiel, jedes Mal korrigiert."

Die Korrekturen haben viel Energie gekostet, gibt Lisa zu. Es hat sie gekränkt, wenn jemand Lena aufforderte, zu Lisa zu gehen, nicht „zur Mami". Wieder fühlte Lisa sich in einer Position der Unsichtbarkeit, am Rande stehend. Co-Mutter zu sein ist vor allem in den ersten Monaten nach der Geburt des Kindes schwierig, meint sie. Manche Frauen weigern sich, die Schwierigkeiten überhaupt zuzugeben. Andere spüren sie, fühlen sich dadurch verletzbar und sind es auch.

Lena sieht kein Problem. Sie fragt manchmal, ob sie wohl später mit einem Mann oder einer Frau leben wird. Für verschiedene Lebenswege ist sie ganz offen. Sie hat eben zwei Mütter, die Mama und die Mami. Mit dieser Version, die sich die beiden Frauen schon während der Schwangerschaft überlegt haben, wollen sie Außenstehenden die Möglichkeit nehmen, eine „richtige" und eine „nicht-richtige" Mutter zu identifizieren. Und das gelingt auch. Beide, Mama und Mami, sprechen Englisch mit Lena. Die Kinder werden bikulturell erzogen. Wenn Moni auch sagt, es gäbe viele Gemeinsamkeiten mit anderen Familien, so ist doch manches anders bei den Herrmann-Greens als in anderen Familien. Ihr Lesbischsein leben Lisa und Moni ganz offen. Die Arbeitsteilung zwischen ihnen basiert nicht auf dem Geschlecht, natürlich nicht, sondern einfach darauf, wer was gerne macht oder besser kann. Arbeit, die keine von beiden mag, wird notfalls ausgelost. Und einen kleinen Bruder hat Lena auch noch. Dylan ist vier Jahre jünger als seine große Schwester. Dieses zweite Kind hat Lisa bekommen. Sie hatte die unbefristete Aufenthaltsgenehmigung durchgesetzt und wusste: Jetzt kann es für mich losgehen. Ich bin endlich dran!

Lisa wurde nicht beim ersten Versuch einer Insemination schwanger, sondern erst nach mehr als einem Jahr. Eine Zeit, die viel Kraft kostete. Immer wieder die Fragen: Wird es noch was? Wann hören wir auf, es zu versuchen? Lisa begann schließlich, ihr Leben umzustellen, so dass ein Baby, das sie geboren hätte, nicht mehr unbedingt sein musste. Allmählich machte ihr das Leben dann wieder Spaß. Sie plante, eine

Promotion über lesbische Mütter zu schreiben. Und dann wurde sie schwanger. Alle waren aus dem Häuschen, Lena, Lisa, Moni, die Familien, die Freunde. Die Promotion muss noch warten.

Nach Lenas Geburt blieb Moni zu Hause und Lisa arbeitete. Nachdem das zweite Kind da war, wurde gewechselt. Moni arbeitet jetzt in einem Jugendheim mit verhaltensauffälligen Jugendlichen. Lisa blieb zu Hause. Im Herbst 2001 entschied sie sich, an die Universität zurückzukehren. Aber nun ist sie ja, wie gesagt, schwanger. Wieder war sie die treibende Kraft, ausgehend von dem Gefühl: Ich bin mit der Familienplanung noch nicht fertig. Diesmal, bei ihrem Wunsch nach einem dritten Kind, erfuhren die Frauen weniger Unterstützung als zuvor. Das dritte Kind ist für viele nicht mehr selbstverständlich. Aber im März 2002 wird es geboren werden.

Lisa hat die Erfahrung gemacht: „Die Mutter ist für die Co-Mutter sehr wichtig. Von ihr muss vieles ausgehen. Wenn ich nur dastehe und herumhupfe: Ich bin fei auch Mutter, dann bringt das nichts. Aber wenn Moni sagt: Stopp! Sie ist genauso die Mutter des Kindes, das akzeptieren die Leute." Anderen etwas erklären zu müssen, ihnen deutlich zu machen, wie diese Familie strukturiert ist, das hört für sie sowieso nie auf, meinen die beiden Frauen. Manchmal macht es sie müde, aber Lesben stehen ohnehin immer vor der Frage: Oute ich mich, oute ich mich nicht? Erklärungen sind immer wieder nötig. Für Lisa und Moni ist es offenbar die beste Variante, beides zugleich zu sein, Mutter und Co-Mutter. Zwei Mütter eben. Eine zusätzliche Adoption für die Co-Eltern, nach dem Muster der Second-Parent-Adoption in den USA, würde ihre Situation verbessern, das wünschen sie sich. Heiraten wollen Lisa und Moni auch, aber nicht auf dem Ordnungsamt, wie es zurzeit in Baden-Württemberg noch vorgeschrieben ist. Moni ist empört: „Soll ich da ein Nummerle ziehe?!" Wenn, dann wollen sie ein großes Fest mit vielen Gästen, feierlich und natürlich auf dem Standesamt! Am liebsten hätten sie es schon bald.

Claudia von Zglinicki
Kinder haben – oder allein leben
Elisabeth und Andrea

Die beiden Frauen lachen viel, miteinander und mit ihrem Sohn David, der zweieinhalb ist. Im Gespräch ergänzen sie sich gut, gerade, was den Humor angeht. Elisabeth und Andrea leben in einer süddeutschen Kleinstadt, sie sind beide 33, beide von Beruf Wirtschaftsinformatikerin und EDV-Ausbilderin. Sie kennen einander schon seit der Schulzeit. Elisabeth ist Schnellsprecherin von hohen Graden. Offenbar hat sie so viel zu sagen, dass sie sich damit immer besonders beeilen muss. Lesen kann man das Gespräch mit dem Paar aber auch langsamer, zum Glück.

Seid ihr verheiratet oder korrekt: eine eingetragene Lebenspartnerschaft?

Elisabeth
Nein, aber in den nächsten Jahren haben wir das vor. Es ist eine rechtliche Frage für uns – und eine Frage des Namens, auf den wir uns einigen wollen. Wir leben seit 1993 zusammen.

Warum habt ihr euch für ein Kind entschieden?

Andrea
Kinder gehörten schon lange, seit ich zwölf oder dreizehn war, in meinen Lebensplan. Nachdem ich mit 21 festgestellt hatte, dass es für mich mit den Jungen ein Schuss nach hinten war, wusste ich: Es wird für mich wohl ein bisschen aufwändiger, ein Kind zu bekommen.

Elisabeth
Ich wollte immer allein leben. Ein Freund meiner Eltern machte das so und das wollte ich auch: Kontakte zu anderen – ja, aber nicht zusammen leben. Mit Jungen bin ich zwar viel rumgezogen, aber Sexualität war nicht mein Thema. Das habe ich ausgeblendet. Wie das ging, weiß ich heute eigentlich selbst nicht mehr. Bücher waren mein Thema, aber in Fantasy-Romanen kommt Sex nun mal nicht vor.

Wie kam es, dass ihr ein Paar geworden seid?

Andrea
Ich dachte zuerst: Ich guck jetzt mal rum, ob ich eine Frau kennenlerne. Aber wie mach` ich das bei uns, wo du in einen Frauentreff nur nach dem Klingeln reinkommst und die Gruppe eine eingeschworene Gemeinschaft ist? Schwierig. Schließlich meldete ich mich auf Annoncen und verabredete diverse Treffen mit Frauen. Komisch war, dass ich auch von denen, die ich unsympathisch fand, körperlich angezogen wurde. Nach einem kurzen Intermezzo mit einer anderen Frau kam dann die Richtige: Elisabeth, die ich schon so lange kannte.

Elisabeth
Andreas Antworten auf die Anzeigen habe ich mit formuliert und keine Probleme damit gehabt. Erst als eine Beziehung zwischen ihr und dieser anderen entstand, merkte ich: Das wollte ich nicht. Das war mir zu eng zwischen den beiden. Ich war eifersüchtig und versuchte es dann mit langsamer Annäherung an Andrea.

Andrea
Als wir vor dem Fernseher saßen, war da plötzlich ein Arm bei mir, so fing das an. Und ich war interessiert, schon früher, es war nur kein Echo von Elisabeth gekommen. Jetzt ging es ziemlich zügig. Anfang 1993 waren wir zusammen.

Andrea, hast du dann die Frage nach einem Kind gestellt?

Andrea
Erst kam das Jahr unserer Wochenendbeziehung. Ich hatte ein interessantes Jobangebot in Villingen-Schwenningen erhalten und sagte es Elisabeth. Natürlich wollte ich von ihr hören: „Bleib doch hier." Der Satz fiel leider nicht, also musste ich wegfliegen. In meiner Heimatstadt hatte ich aber immer noch eine Wohnung und musste regelmäßig hinfahren, schon zur Kehrwoche. Oh ja, so ist es bei uns! Ich fand dann dort eine neue Arbeit, kehrte zurück und wir zogen zusammen. Ein Kind wollte ich, wie gesagt, immer, aber nicht allein. Ich wollte Familie haben.

Elisabeth
Also leistete sie erfolgreiche Überzeugungsarbeit.

Foto: Katharina Mouratidi

Elisabeth und Andrea mit David

Andrea
Ich schleppte Bücher an, das schwul-lesbische Babybuch und Literatur aus den USA. In den Studien konnte man lesen, dass Kinder aus lesbischen Familien besser mit ihren Gefühlen umgehen können, vorausgesetzt, die Familie lebt offen, nicht in der Lüge. Das fand ich gut und inzwischen weiß ich, dass es stimmt. Wir haben uns intensiv mit allem beschäftigt, was uns passieren kann mit einem Kind zwischen null und 18. Welche Konfession soll es haben – das war eine der Fragen, die wir klären mussten.

Welche Konfession ist es geworden?

Andrea
Evangelisch. Ich bin für David konvertiert.

Elisabeth
Wäre ich ein Mann, hätte sie nicht konvertieren müssen. Dann hätte das Kind ohne Schwierigkeiten in meiner Konfession getauft werden können.

Für welchen Weg zur Schwangerschaft habt ihr euch entschieden?

Andrea
Wir suchten zuerst nach einem Samenspender in unserem Bekanntenkreis, fragten drei oder vier verantwortungsbewusste und sensible Männer, Heteros übrigens, Schwule kannten wir kaum und die Aidsgefahr bei einem unbekannten Mann war uns zu groß. Aber alle entschieden sich dagegen, denn sie hätten sich dann auch als Vater gefühlt. Das wollten wir aber nicht. Wir wollten, dass der Samenspender Kontakt zum Kind hat, aber nicht als Vater.

Wir überlegten dann, ob wir uns einen Yes- oder No-Spender wünschen und entschlossen uns gegen die anonyme Spende, damit unser Kind später die Chance hat, seine Wurzeln kennen zu lernen. Die Samenbank in Leiden antwortete als Erste auf unsere Anfragen, also fuhren wir dorthin und die Leidensgeschichte begann: neun Versuche einer Insemination in einem reichlichen Jahr. Du lebst nur noch für den Zyklus. Alle vier Wochen brauchst du zwei, drei Tage Urlaub und hoffst immer, dass das keinem im Betrieb auffällt. Denn wir hatten zwar offen gesagt, ich wohne bei ihr, aber darüber hatte sich kaum jemand Gedanken gemacht. Nach den neun Versuchen wussten wir, dass wir auf diese Weise keinen weiteren mehr schaffen. Wir wollten das Sperma mit nach Hause nehmen, dafür mussten wir die Samenbank wechseln und dann – hatten wir ein Aufbewahrungsproblem.

Offensichtlich habt ihr aber nicht aufgegeben. Wer hat euch geholfen?

Elisabeth
Zum Glück tut sich in dieser Zeit der Versuche ein tolles Netzwerk auf. Du kommst dir zwar manchmal ganz allein vor, aber dann helfen auf einmal viele und es geht immer wieder weiter.

Andrea
Wir fanden zwei Frauen, mit denen wir uns eine Kanne zur Aufbewahrung von Sperma teilen konnten. Das war turbo-gut, aber dann hörten die anderen auf und wir hatten die Kanne an der Backe. Wir mussten sie immer wieder mit Flüssigstickstoff auffüllen. So ging es auch nicht weiter.

Elisabeth
Es baut sich mit der Zeit so ein Leidensdruck auf, dass man schließlich Sachen wagt, die man sich vorher nie getraut hätte. Wir suchten eine Lagerungsmöglichkeit in einer Arztpraxis. Frag das mal am Telefon: Lagern Sie Sperma für uns? Im Frauenladen in München wollten wir ein Spekulum kaufen, ausgerechnet die kamen damit gar nicht klar. In einem Sanitätshaus ging es besser, aber der Mann dort fragte erst: Welches Modell? Und dann noch: Wie viele? Bei 100 Stück hätten wir sicher Rabatt gekriegt.

Andrea
Mittlerweile waren zwei Jahre vergangen, es wurde allmählich eine ewige Geschichte. Ich bekam auch noch eine Gallenblasenentzündung, danach fuhren wir dann erst mal in Urlaub, zum ersten Mal nach all` dem Planungsstress und dem Hoffen und Enttäuschtwerden und wieder Hoffen.

Elisabeth
Wir wollten nur noch ins Warme und flogen nach Florida. Und dann wurde Andrea schwanger.

Wie habt ihr die Schwangerschaft erlebt?

Andrea
Prima, ohne Komplikationen. Ich habe aber immer wieder nachgelesen, ab wann das Kind überleben kann, wenn es zu früh auf die Welt kommt, um mich zu beruhigen. Aber es kam drei Wochen zu spät und die Geburt im Krankenhaus war wunderschön.

Elisabeth
Während der Schwangerschaft haben wir die Umwelt aufgeklärt: Wir erwarten ein Kind. Die meisten begriffen es nicht: Wer – wir? Dann haben uns viele unterstützt.

Andrea
Meinem Chef haben wir alles auf einmal gesagt, dass wir als Paar zusammen leben und ein Kind kriegen. Seine Reaktion war: Tja, wir in der EDV sind halt modern!

Wie ist das Leben mit dem Kind für euch?

Andrea
Der Erziehungsurlaub ist ein ganz anderer Lebensabschnitt als alles zuvor, der ist so schön, das kannst du nie wieder kriegen: zu sehen, wie ein Kind aufwächst. Wir hätten gern noch ein zweites Kind. Ja, es ist ein harter Weg bis dahin, aber mit einem Kind zu leben – das ist gigantisch.

Elisabeth
Ich leide darunter, dass ich als Co-Mutter keine Rechte habe. Du versorgst als Alleinverdienerin mit Steuerklasse I eine Familie. Und wenn Andrea etwas zustößt, hänge ich von der Gnade des zuständigen Sachbearbeiters vom Jugendamt ab, der entscheidet, ob der Kleine bei mir bleiben darf oder nicht. Trotzdem ist mein Fazit: Ich würde mich immer wieder auf die Co-Mutterschaft einlassen, denn das Leben als Familie mit Kind ist einfach schön.

Sonja Springer
Spätes Coming out in Familien
Einige Ratschläge

Wann spricht man von einem späten Coming out? Der Begriff „spät" ist hier nicht altersabhängig zu verstehen, sondern bezeichnet das Coming out aus einer heterosexuellen Lebenssituation heraus. Dies kann in jedem Alter stattfinden. Das späte Coming out in Familien bezeichnet den Prozess aus einer traditionellen Frau-Mann-Kinder-Familie heraus.

Was ist das Besondere und Schwierige an einem späten Coming out in einer Familie?

Das Coming out in Familien wird erschwert, da Frau oder Mann nicht nur für die eigene Person agieren können. Das Coming out betrifft immer gleichzeitig einen Partner/eine Partnerin und auch die Kinder.

Alle Familienmitglieder müssen diesen Bewältigungsprozess durchstehen. Für alle Mitglieder der Familie bedeutet ein Coming out meist einen erheblichen Einschnitt in die gewohnte Lebens- und Familienstruktur.

Dabei bewältigen jüngere Kinder und junge Erwachsene diesen Prozess besser als Kinder in der Pubertät.

Durch die Familie ist Frau oder Mann meist stärker eingebunden in die Gesellschaft, z. B. über Kindergarten, Schule usw., und stärker eingebunden in das direkte Wohnumfeld. Diese Eingebundenheit erschwert das Coming out und erfordert meist eine schnellere Öffnung nach außen.

Gesellschaftliche und konfessionelle Eingebundenheit sowie finanzielle Aspekte und Ängste können den Coming out-Prozess zeitlich hinauszögern oder gar verhindern. Starke Verlustängste bestimmen dann das Handeln.

Das Coming out in der Familie bedeutet immer gleichzeitig das persönliche Coming out, einschneidende Veränderungen für den Partner/die Partnerin und die Kinder sowie das Bestehen in der Gesellschaft.

Empfehlungen für das Verhalten gegenüber den Kindern:

– Offenheit und Ehrlichkeit in jedem Fall und in allen Fragen
– Altersgerechte Erklärungen
– Agieren statt reagieren, auch im Umgang mit der Gesellschaft (Kindergarten und Schule) oder gegenüber dem/der ehemaligen Partner/Partnerin

Gegenüber den Kindern immer die Wahrheit sagen, warum die Trennung vom Vater/von der Mutter erfolgt. Mit der ersten Lüge beginnt bereits der Teufelskreis, aus dem man schwer heraus kommt.

Es wird viel Energie aufgewandt, um Fantasiegebilde (z. B. Trennungsgründe) zu erfinden. Es soll irgendwann richtig gestellt werden, und nie ist der richtige Zeitpunkt dafür. Die Angst, etwas verlieren zu können, beherrscht das eigene Handeln und die Auffassung, die Kinder schützen zu wollen.

Eine Geheimhaltung z. B. gegenüber der Gesellschaft suggeriert den Kindern, dass es etwas „Schlechtes" sein muss. Kinder sind so nicht gegen Angriffe gewappnet. Das Elternhaus bietet keinen Rückhalt. Das Kind kommt in Gewissenskonflikte und Homosexualität bekommt keinen gleichrangigen Stand beim Kind. Sogar stark ablehnende Haltungen können so beim Kind provoziert werden.

Nur das Beispiel hilft dem Kind. Nur in Offenheit (auch nach außen) kann Selbstbewusstsein aufgebaut werden, kann man das Kind stark machen gegen Angriffe. Die Normalität von homosexuellen Lebensweisen muss auch in der Familie vermittelt werden. Und auch Kinder, die in homosexuellen Partnerschaften geboren werden, brauchen diese Offenheit für ihre selbstbewusste Entwicklung.

Ein wichtiger Faktor ist das Verhalten von Verwandten und Freunden gegenüber den Kindern. Welcher Einfluss wird ausgeübt? Welche Haltung wird gegenüber Homosexualität eingenommen?

Auch hier soll nach Möglichkeit agiert und nicht reagiert werden. Den Kindern immer Offenheit für alle ihre Probleme signalisieren.

Ein insgesamt offenes und tolerantes Umfeld kann helfen, den Bewältigungsprozess positiv zu gestalten und ist eine Hilfe für alle Betroffenen.

Sonja Springer
Tischlerin

Elisa Rodé
Weiterführende Internetsites, Adressen und Literaturhinweise

Die folgende Aufstellung von interessanten Büchern, Broschüren, Internetsites und Adressen erhebt keineswegs einen Anspruch auf Vollständigkeit. Wir haben Wert darauf gelegt, Hinweise aufzunehmen, in welchen Publikationen weitere Literaturangaben und Links zu finden sind. Das ist besonders im schnelllebigen Internet wichtig: Internetadressangaben können leicht obsolet werden, wenn die Domain einfach abgemeldet oder nicht mehr gepflegt wird. Neue Adressen kommen hinzu und können dann über aktuelle Links aufgefunden werden.
Die Suche in Suchmaschinen wie google, yahoo, altavista fördert ebenfalls eine ganze Reihe von Hinweisen zutage, oft ist die Suche aber relativ zeitaufwändig, da man auf diverse Sites verwiesen wird, die sich nicht wirklich lohnen, sondern total veraltet sind oder mit Cookies und Werbebannern nerven.
An erster Stelle möchten wir die Website des LSVD vorstellen:

LSVD Lesben- und Schwulenverband in Deutschland
http://www.lsvd.de

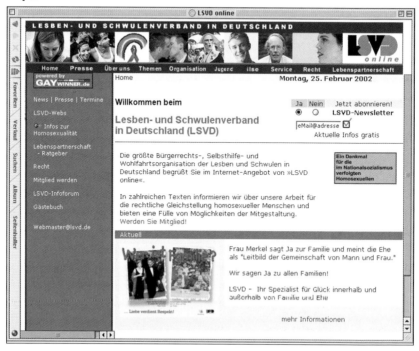

Die Website des LSVD ist topaktuell. News sind in der Regel am gleichen Tag eingestellt. Die Site enthält umfangreiche Informationen, beispielsweise den kompletten Text des Ratgebers zum Lebenspartnerschaftsgesetz (Bild s. o.). Informationsmaterial (wie beispielsweise auch dieses Familienbuch) können über die Site angefordert werden. Viele Adressen und Links. Sehr stark frequentiert. Die Site ist ein guter Ausgangspunkt zum Weiterlinken und Surfen.

Postadressen des LSVD:
LSVD-Pressestelle
Postfach 30 21 34, 10752 Berlin
Telefon (030) 78 95 47 63
Telefax (030) 44 00 82 41
presse@lsvd.de

Geschäftsstelle Köln
Postfach 10 34 14, 50474 Köln
Telefon (02 21) 92 59 61-0
Telefax (02 21) 92 59 61-11
lsvd@lsvd.de

Über die obere Navigationsleiste der LSVD Seite gelangt man auf die Homepage von ILSE – Initiative lesbischer und schwuler Eltern im LSVD:

ILSE – Initiative lesbischer und schwuler Eltern im LSVD
http://ilse.lsvd.de

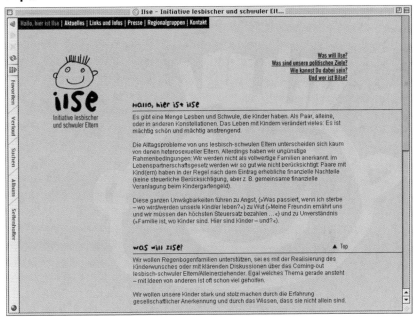

Die ILSE Site ist ansprechend gestaltet, werbefrei und aktuell. Sie enthält eine Liste der ILSE Regionalgruppen, die gute Anlauf- und Kontaktstellen für lesbische und schwule Eltern sind. ILSE ist bunt gemischt: Paare mit Kinderwunsch sind genauso vertreten wie lesbische Großmütter. Zu Themen wie Insemination, Adoption, Coming out mit Kindern oder Trennung sind AnsprechpartnerInnen da, die aus eigenen Erfahrungen sprechen können. Infos zu diesen Themen können unter ilse@lsvd.de angefordert werden.

Die ILSE-Regionalgruppen arbeiten politisch und treffen sich auch, um zu grillen, zu klönen oder auf den CSD zu gehen. Einmal im Jahr findet ein bundesweites Treffen statt. Die Website wird ständig aktualisiert, so dass es empfehlenswert ist, öfter mal reinzusehen.
Hier der Stand Anfang 2002:

ilse Regionalgruppe Nordbayern
ilse.nordbayern@lsvd.de
Kontakt: Nicola Buchen
Telefon (0911) 540 06 67

ilse Regionalgruppe Süd
ilse.lesfam@lsvd.de
Postfach 25 62
89015 Ulm
Telefon (0711) 65 93 52

ilse Regionalgruppe Köln/Bonn
ilse.Koeln.Bonn@lsvd.de
Kontakt: Bettina Banse
Telefon (0221) 76 42 40

ilse Regionalgruppe Hamburg
ilse.HH@lsvd.de
Kontakt: Andrea Kasten
Telefon (041 92) 859 42

ilse Regionalgruppe Bergisches Land
ilse.Berg-Ruhr@lsvd.de
Kontakt: Michaela Jung/Anne Giebel
Telefon (02 02) 76 34 53

ilse Regionalgruppe Saar
ilse.Saar@lsvd.de
Kontakt: Markus Müller
Telefon (068 06) 44 07 30
Kontakt: Margot Seibüchler
Telefon (068 25) 882 71

Regionalgruppe Bremen
ilse.HB@lsvd.de
Telefon (042 98) 41 97 90

Regionalgruppe Freiburg
ilse.freiburg@lsvd.de

Frauengesundheitszentren

In den Frauengesundheitszentren gibt es umfangreiche Informationen zu den Themen Reproduktionsmedizin, Samenbanken, Frauenärztinnen und Frauenärzte, ungewollte Kinderlosigkeit etc.

Stellvertretend für die zahlreichen Frauengesundheitszentren seien hier die zwei Websites aus Berlin und Köln aufgeführt:

Feministisches Frauen Gesundheits Zentrum Berlin e.V.
http://www.ffgz.de

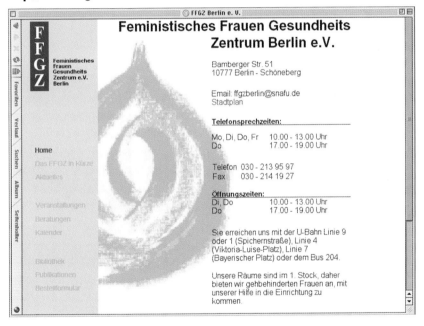

Die Webseite wird regelmäßig aktualisiert und ist empfehlenswert für weitere Recherchen. Sie enthält eine umfangreiche Linksammlung zum Thema Frauengesundheit.
Über das FFGZ sind vielfältige Informationen erhältlich. Hierzu ein Auszug aus der Website:

„Unsere Bibliothek ist in der Bundesrepublik die größte Spezialbibliothek und Materialsammlung zum Themenkomplex Frauengesundheit.
..."

Der laufende aktualisierte Bestand umfaßt ca. 2500 Fachbücher und sonstige Publikationen sowie „graue" Literatur zu allen Bereichen der Frauengesundheit.

Die Pressedokumentation mit Zeitungsartikeln und Fachaufsätzen befindet sich in über 400 thematisch sortierten Hängeordnern. Das Angebot wird durch ca. 70 Zeitschriftenabonnements ergänzt, darunter Publikationen von internationalen Frauennetzwerken. Wir bieten zusätzlich Informationen über frauenspezifische Kuren an.

Bibliothek des FFGZ auf CD-ROM
Aufbauend auf unserer Bibliothek haben wir Datenbanken zu vier Themenbereichen zusammengestellt:

Brust und Brustkrebs – Reproduktionsmedizin und ungewollte Kinderlosigkeit – Verhütung – Wechseljahre

In den jeweiligen Datenbanken sind Bücher sowie Fachaufsätze, Zeitungsartikel und graue Literatur aus der Bibliothek des FFGZ Berlin aufgenommen. Diese Literaturzusammenstellungen, die jeweils zwischen 320 und 445 Dokumente beinhalten, sind auf CD-ROM erhältlich.

Alle vier Bereiche auf einer CD-ROM werden von uns gegen eine Schutzgebühr von € 8,00 abgegeben. Jede einzelne Literaturzusammenstellung ist auf CD-ROM gegen eine Schutzgebühr von € 2,60 über das FFGZ zu beziehen."

Samenbanken

Das FFGZ Berlin gibt seit ein paar Jahren eine Liste mit Samenbanken in den Niederlanden heraus, die Inseminationen u. a. bei lesbischen, nicht niederländischen Frauen durchführen bzw. Spendersamen verkaufen etc. Diese Liste kann beim FFGZ angefragt werden:

FFGZ Berlin
Bamberger Straße 51
10777 Berlin
Telefon (030) 2139597
Telefax (030) 2141927
Kostenbeitrag bitte vorab telefonisch erfragen

Feministisches FrauenGesundheitsZentrum HAGAZUSSA Köln
http://www.koeln-projekte.de/hagazussa/index.html

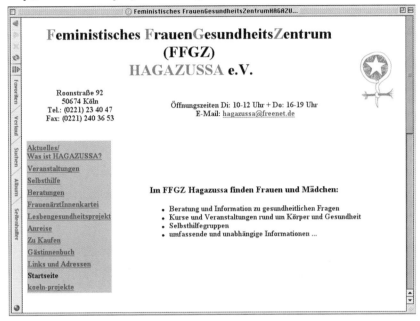

Die Website von HAGAZUSSA ist aktuell. HAGAZUSSA bietet Beratungen für Lesben mit Kinderwunsch.

Broschüren sind erhältlich u. a. zu denThemen:
• Lesben und Kinderwunsch gegen Versandkosten
• Rund um Schwangerschaft und Geburt € 5,–
• Unerfüllter Kinderwunsch € 5,–

http://www.queerandkids.de

Vermittlung und Beratung für Lesben und Schwule mit Kinderwunsch

„Queer and Kids ist eine Vermittlungsagentur für Menschen, die gemeinsam eigene Kinder zeugen möchten."

Nach unseren Kenntnissen arbeitet Queer and Kids freundlich und seriös.

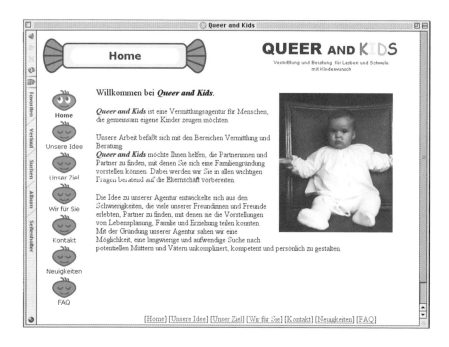

http://www.asac-webdesign.com/kinderwunsch

(Achtung: ‚www.kinderwunsch.de' ist eine ganz andere Site: sie ist eine Initiative des Pharmaunternehmens Organon in Oberschleißheim bei München.)

Dies ist eine private Website, die sehr ansprechend gestaltet und sehr informativ ist. Das Gästebuch und der Zähler zeugen davon, dass die Site häufig besucht wird. Sehr empfehlenswert.

Autorinnen der Website sind „Steffi und Anne", ein bi-nationales Lesbenpaar mit zwei Töchtern.

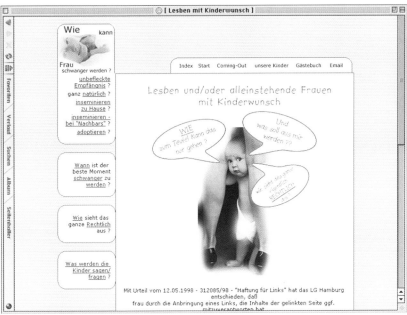

SVDO – Schwule Väter und Ehemänner Dortmund
http://dortmund.gay-web.de/svdo/

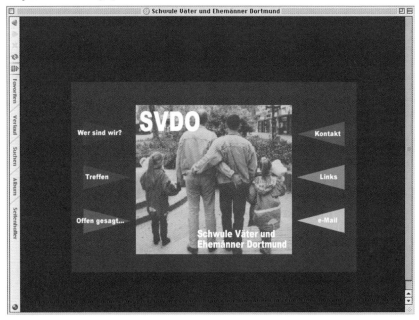

„Wer wir sind.
Viele Männer entdecken erst als Ehemann oder Familienvater, dass sie schwul sind. In dieser Situation seinem Gefühl zu folgen, kann viele Konflikte und Probleme mit sich bringen. Dem Verlangen nach Veränderung steht die Angst gegenüber, vertraute Lebenszusammenhänge zu verlieren.

Es ist an sich schon schwierig genug, Verwandten, Freunden und Kollegen als Schwuler zu begegnen und sich gleichzeitig in „der schwulen Welt" zurechtzufinden. Darüber hinaus empfinden viele schwule Ehemänner und Väter bei ihrem Coming out oft große Unsicherheit, wie sich die Beziehung zur Partnerin entwickeln wird und noch größere Angst, ihre Kinder zu verlieren. Sie fühlen sich ihren Familien gegenüber schuldig.

Wir sind eine Gruppe betroffener Männer mit ganz unterschiedlichen Wegen ihres persönlichen Coming outs. Einige von uns leben in der Familie und wollen dort auch weiterhin bleiben. Andere befinden sich in der Trennungsphase oder haben sich bereits von ihrer Familie getrennt. Einige leben inzwischen in schwulen Partnerschaften.

PFLIZ – Pflege- und Adoptivfamilien im Zentrum gGmbH
http://www.pfliz.de

PFLIZ gGmbH wurde vor Kurzem von einigen Pflegemüttern gegründet. Die Website von PFLIZ ist ganz neu und besteht bisher (Januar 2002) nur aus zwei Seiten. Sie enthält die nötigsten Informationen zu den Zielen von PFLIZ und die Kontaktadressen. Reinschauen lohnt sich sicher, denn die Site wird wohl bald erweitert werden. Die gemeinnützige GmbH PFLIZ ist Mitglied im PFAD – Bundesverband der Pflege- und Adoptivfamilien e. V.

Geschäftsstelle:
PFLIZ, Barbara Lütgen-Wienand, Münchener Straße 11, 12309 Berlin, Telefon und Telefax (030) 744 37 49, pfliz@uminfo.de
Ansprechpartnerin für den Bereich Fortbildung: Cordula de la Camp, Telefon (030) 859 47 01

Vgl. auch den Literaturtipp zu Cordula de la Camp, Zwei Pflegemütter für Bianca.

Bundesverband der Eltern, Freunde und Angehörigen von Homosexuellen (BEFAH) e.V.
http://www.befah.de

BEFAH
Bundesverband der Eltern, Freunde und Angehörigen von Homosexuellen
c/o Sigrid und Uwe Pusch,
Anton-Freytag-Straße 43
30823 Garbsen
Telefon (051 31) 47 80 50
Telefax (051 31) 47 73 20
info@befah.de

Wir bieten dir eine absolut diskrete Möglichkeit zum Gespräch und zum Erfahrungsaustausch. Schon viele schwule Väter und Ehemänner fanden bei uns erstmals die Möglichkeit, sich auszusprechen und zu erfahren, dass sie mit ihren Problemen nicht allein sind. Wir können dir zwar keine Rezepte vermitteln, jedoch dabei helfen, dass du deinen ganz persönlichen Weg selbst findest."

Die Site enthält eine Sammlung von Links und Adressen von schwulen Vätergruppen in ganz Deutschland.

Schwule Väter Köln
http://www.svkoeln.de/start.html

Die Site der Schwulen Väter Köln bietet eine ganze Menge Infos und Kontaktmöglichkeiten.

Literaturtipps

Insgesamt ist festzustellen, dass es relativ wenig deutschsprachige Bücher zum Thema gibt und die Wenigen vorhandenen großenteils vergriffen sind. Das gilt gleichermaßen für Kinderliteratur. Eventuell ist es möglich, in öffentlichen Bibliotheken das eine oder andere Buch noch zu erhalten.

Lebenssituation lesbischer Mütter und schwuler Väter
Dokumentation einer Anhörung
Niedersächsisches Ministerium für Frauen, Arbeit und Soziales, Januar 2000
http://www.niedersachsen.de/File/MS_lebenssi.pdf
Mit Literaturempfehlungen und Adressliste

Lesben – Schwule – Kinder
Eine Analyse zum Forschungsstand
Erstellt von der Schwullesbischen Forschungsgruppe München, Institut für Psychologie der Ludwig-Maximilians-Universität München
Ministerium für Frauen, Jugend, Familie und Gesundheit des Landes NRW, November 2000
www.mfjfg.nrw.de

Die Analyse bezieht sich hauptsächlich auf Studien aus den USA. Trotz des wissenschaftlichen Anspruchs gut lesbar (jeweils kurze Zusammenfassungen zu den einzelnen Abschnitten) und hilfreich bei der Argumentation, wenn es darum geht, Vorurteile gegen lesbischwule Eltern zu entkräften. Die Broschüre ist kostenlos erhältlich beim Ministerium für Frauen, Jugend, Familie und Gesundheit, 40190 Düsseldorf.

Gabriele Kämper und Lela Lähnemann
Regenbogenfamilien
Wenn Eltern lesbisch, schwul, bi- oder transsexuell sind
Dokumentation einer Fachtagung

Senatsverwaltung Berlin, Fachbereich für gleichgeschlechtliche
Lebensweisen, 2001
www.sensjs.berlin.de/gleichgeschlechtliche

„Regenbogenfamilien" ist sorgfältig redigiert, aktuell, angenehm zu
lesen, praktisch verwendbar, insgesamt eine Topempfehlung, wie
übrigens alle Publikationen des Berliner Fachbereichs. Die Broschüre
ist kostenlos erhältlich beim Fachbereich für gleichgeschlechtliche
Lebensweisen, Senatsverwaltung für Schule, Jugend, Sport, Beuthstr. 6-8, 10117 Berlin, gleichgeschlechtliche@sensjs.verwalt-berlin.de

Lesben und Schwule mit Kindern – Kinder homosexueller Eltern
Nr. 16 der Reihe „Dokumente lesbisch-schwuler Emanzipation" des
Fachbereichs für gleichgeschlechtliche Lebensweisen, Berlin 1997
www.sensjs.berlin.de/gleichgeschlechtliche
Die Broschüre ist kostenlos erhältlich beim Fachbereich für gleichge-
schlechtliche Lebensweisen, Senatsverwaltung für Schule, Jugend,
Sport, Beuthstr. 6-8, 10117 Berlin,
gleichgeschlechtliche@sensjs.verwalt-berlin.de

Angelika Thiel
Kinder? Na klar!
Ein Ratgeber für Lesben und Schwule
Campus Verlag, Frankfurt/M. 1996 (vergriffen)
*„Welche Möglichkeiten haben lesbische und schwule Paare, ein Kind zu
bekommen? Wie sieht der Alltag mit Kindern aus? Und was sagen die
Töchter und Söhne selbst über ihre ungewöhnliche Familie? Lesben und
Schwule, die sich ein Kind wünschen oder mitten in der Kindererziehung
stecken, erfahren in diesem Buch:*
· Welche Chancen sich durch Insemination, Pflegschaft oder Adoption bieten
· Was hierzulande möglich ist
· Wie sich Beziehungen durch die Ankunft eines Kindes verändern können
· Welche Erfahrungen andere lesbische oder schwule Eltern gemacht haben
· uvm."

Cordula de la Camp
Zwei Pflegemütter für Bianca
Interviews mit lesbischen und schwulen Pflegeeltern
LIT Verlag, Hamburg 2001
ISBN 3-5258-5468-x
www.lit-verlag.de

Das Buch besteht aus neun Interviews mit lesbischen und schwulen Pflegeeltern, die sehr offen darüber berichten, wie sie zu der Entscheidung kamen, Pflegekinder aufzunehmen, welche Schwierigkeiten und welche positiven Erfahrungen sie machten und wie der Alltag aussieht. Die Interviews sind nur geringfügig redigiert, was sie sehr authentisch, allerdings auch etwas mühsam zu lesen macht. Sie geben einen realistischen Einblick in die Thematik und stellen eine gute Hilfe dar bei der Entscheidung für oder gegen die eigene Aufnahme von Pflegekindern.

Die Autorin, Cordula de la Camp, ist Dipl. Sozialpädagogin und ausgewiesene Expertin zum Thema Pflege- und Adoptiveltern. Sie bietet Fortbildungen zu diesem Thema an (Kontakt: Cordula de la Camp, T. 030 - 859 47 01). Vgl. oben, Abschnitt über die Website von PFLIZ.

Uli Streib, Stephanie Gerlach
Zur Situation von Kindern, die mit lesbischen Müttern oder schwulen Vätern aufwachsen

Gabriela Herwig, Lela Lähnemann
Meine Mutter ist lesbisch, mein Vater ist schwul, das ist (k)ein Problem!?

beide in: Jutta Hartmann, Christine Holzkamp, Lela Lähnemann (Hg.),
Lebensformen und Sexualität.
Herrschaftskritische Analysen und pädagogische Perspektiven. Dokumentation des Pädagogischen Kongresses in Berlin, 1998
Kleine Vlg., Bielefeld 1998
ISBN 3-8937-0285-7
Der Band enthält ausführliche Literaturhinweise.

Uli Streib
Das lesbisch-schwule Babybuch.
Ein Ratgeber zu Kinderwunsch und Elternschaft
Querverlag, Berlin 1996
ISBN 3-8965-6006-9

Uli Streib
Von nun an nannten sie sich Mütter, Lesben und Kinder
Orlanda Frauenverlag, Berlin 1991
ISBN 3-9221-6673-3

Diese beiden „Klassiker" von Uli Streib sind sehr lesenswert. Da sie vor der Verabschiedung des Lebenspartnerschaftsgesetzes veröffentlicht wurden, sind einige rechtliche Aussagen überholt. Dies mindert jedoch nicht die Qualität der Lektüre.
Ein weiterer Klassiker ist vergriffen:

Birgit Sasse
Ganz normale Mütter – Lesbische Frauen und ihre Kinder
Fischer, Frankfurt/M. 1995

Uwe Sielert
Zwei-Väter- und Zwei-Mütter-Familien
Sorgerecht, Adoption und artifizielle Insemination bei gleichgeschlechtlichen Elternteilen.
 in: Siegfried Keil, Michael Haspel (Hg.),
 Gleichgeschlechtliche Lebensgemeinschaften in sozialethischer und rechtlicher Perspektive. Beiträge zur rechtlichen Regelung pluraler Lebensformen, Neukirchener Verlag, Neukirchen-Vluyn 2000
ISBN 3-7887-1787-4

Die folgenden drei Literaturhinweise zum Thema Schwule Väter zitieren wir aus der Liste der HuK (Ökumenische Arbeitsgruppe Homosexualität und Kirche) aus dem Internet: http://www.huk.org/allgem/litliste.htm

Gerd Büntzly
Schwule Väter. Erfahrungen, Polemiken, Ratschläge
Bruno Gmünder Verlag, Berlin 1988

„Das Buch war lange Zeit das einzige zu diesem Thema. Die verschiedenen Themenbereiche werden immer mit konkreten Beispielen verdeutlicht. Themen sind: Gefangen in Ehe und Familie, religiöse Bindungen, Schuldgefühle, (Ehe)Frauen und Töchter und der schwule Mann (Vater), Kinder schwuler Väter, schwule Väter und deren schwule Beziehungen. Dazu AIDS, juristische Hinweise, Verweise auf Selbsthilfegruppen."

Andrea Micus
Schade, daß sie eine Frau ist ...
Homosexuelle Ehemänner und ihre Angehörigen berichten.
Bastei-Lübbe Verlag, Bergisch-Gladbach 1994

„Nach den homosexuellen Jugendlichen hat die Journalistin Andrea Micus nun die schwulen Väter als Thema aufgegriffen. Neben sieben schwulen Vätern geben je zwei Kinder, zwei Ehefrauen und zwei Eltern schwuler Väter ihre Erfahrungen wieder (...)."
Ein sehr lesenswertes Buch, das eben mehr von den Zeugnissen lebt, daher weniger an reinen Sachinformationen liefert als das Buch von Büntzly.

Thomas Hölscher
Mann liebt Mann
Berichte schwuler Ehemänner und Väter
Verlag Neues Leben, Berlin 1994

„Thomas Hölscher hat in diesem Buch biografische Beiträge und Gespräche mit homosexuellen verheirateten Männern und die Ehefrau eines Homosexuellen aus Deutschland und den Niederlanden zusammengetragen. Das Buch ist in der Fülle seiner Beiträge, die auch die religiöse Thematik betreffen, lesenswert. Die zwanzig Artikel betreffen Menschen aus den verschiedensten Berufen, vom Arbeitslosen über den Bankangestellten bis zum Rentner, ebenso Mitglieder verschiedenster christlicher Konfessionen."

A. M. Homes
Jack
Arena Taschenbuch, Würzburg 1997
Nicht mehr lieferbar, keine Neuauflage geplant.
„Die Geschichte eines Sechzehnjährigen, der in der Beziehung zu seinem Vater eine für ihn schockierende Entdeckung macht."
Deutscher Jugendliteraturpreis

Michael Willhoite
Papas Freund
Jackwerth, Köln 1994
ISBN 3-932117-08-5
Bilderbuch für 2-6 jährige
„Ein Achtjähriger erzählt von der Trennung seiner Eltern und dem schwulen Alltag seines Vaters."

Sylvia Pah, Joke Schat
Zusammengehören
Bilderbuch für Kinder
Mebes & Noack, 1994
ISBN 3-927796-37-9

Michel Tremblay
Der Mann in Papis Bett
Roman
Bruno Gmünder Verlag, Berlin 1990
ISBN 3-924163-67-7

„Der kanadische Lehrer Jean-Marc, Mitte 40, ist völlig genervt vom ewigen Herumlungern in der schwulen Sub Montréals. Einziger Ausgleich in seinem Leben sind die beiden Lesben, mit denen er ein Haus bewohnt. Und so überrascht es ihn selbst vollkommen, als er merkt, dass er sich wieder verliebt hat – in den wesentlich jüngeren Mathieu, einen hübschen Schauspieler. Sie kommen sich langsam näher, als Jean-Marc einem kleinen Problem begegnet: dem vierjährigen Sébastien, Mathieus kleinen Sohn! Wie sich diese komplizierten Familienverhältnisse – neben den beiden Schwulen hat

der Junge noch einen dritten „Vater", den neuen Lover seiner Mutter – entwickeln, hat Tremblay in einem Stil geschrieben, der unbedingt Lust macht, das Buch möglichst rasch zu Ende zu lesen."

Literaturhinweise zum Beitrag von Dirk Siegfried:

LSVD sozial e. V. (Hg.)
LSVD Rechtsratgeber Eingetragene Lebenspartnerschaft
Berlin, November 2001
Zu beziehen über LSVD, Postfach 103414, 50474 Köln

Manfred Bruns, Rainer Kemper (Hg.)
LpartG – Handkommentar
Nomos Verlagsgesellschaft
Baden-Baden 2001
ISBN 3-7890-7533-7

Nina Dethloff
Die eingetragene Lebenspartnerschaft – ein neues familienrechtliches Institut
in: NJW 2001, 2598

Hans Jürgen von Dickhuth-Harrach
Erbrecht und Erbrechtsgestaltung eingetragener Lebenspartner
in: FamRZ 2001, 1660.

Index

Adoption
  adoptieren   65–67, 80
  Adoptiveltern   47, 123
  arbeitslos   86
  Aufenthaltsberechtigung   84
  Aufenthaltserlaubnis   84

Bikulturell   95
bisexuell   23
Bundesverfassungsgericht   11, 29, 79

Co-Eltern   12, 65, 83–87, 96
  Co-Elternteil   84–88
Co-Mutter   12, 23, 26, 28, 29, 60, 65
Co-Mütter   75, 76, 85, 86, 88, 94–96, 102
Coming out   14, 17, 18, 20, 23, 37, 92, 103, 109, 116,
  geoutet   72
  outing   14
CSD   35, 37, 38, 55, 109

Ehegattensplitting   12, 89
Enkel   17, 21, 23, 47
Erbgut   56, 57
Erbrecht   84, 87,127
Erbschaftssteuer   87
Erziehungsgeld   87
Erziehungsurlaub   29, 48, 65, 102
EstG   86, 89

Familienbegriff   33, 38
Familienpolitik   15, 33, 34
Feminismus   33, 34, 40
  feministisch   14, 15, 35, 36, 111, 113
Frauengesundheit   111–113
Fremdinsemination   80, 81

Gericht   11, 16,29, 67, 68, 81, 84
Geschlechtsverkehr   55, 58, 80

Herkunftsfamilie   37, 42, 57, 68, 69
Herkunftsland   67
Hinterbliebenenrente   89
Homepage   108

ILSE   13, 14, 38, 70, 108–110, 131
In-Vitro-Fertilisation   81
Insemination   13, 25, 38, 42, 58–64, 68, 77, 78, 81, 80, 94, 95, 100, 109, 112, 122, 124
Internet   7, 62, 107, 124

Jugendamt   20, 42, 44–46, 66, 68, 69, 82, 102

Kinderbetreuung   12, 15, 87
Kinderfreibetrag   29
  Kinderfreibeträge   87, 12
Kindergarten   47, 48, 103, 104
  Kindergärten   34, 47
Kinderliteratur   121, 126
  Bilderbuch   126
Kinderwunsch   13, 25, 55–59, 80, 84, 90, 109, 113–115, 124
Kirche   15, 17, 21, 35, 48, 124
Konfession   100, 103, 125
Konsulat   44, 45
Krankenkasse   62
Krankenversicherung   87

Lebenspartnerschaftsgesetz 9, 11,14, 15, 85, 108, 124
  LPartG   40, 85, 86, 127
Leihmutter   64, 81
  Leihmutterschaft   64, 81
Lesben- und Schwulenverband 11, 75, 108
Literatur   90, 100, 107, 112, 119, 121
LSVD   13, 15, 35, 38, 40, 70, 107, 127,131

129

Musterprozess	90	Yes-Spender	100
		No-Spender	100
		anonymer Spender	52, 57, 61, 94
Ortszuschlag	29, 79	Sperma	13, 59–63, 77, 101
Ost und West	17	Staatsangehörigkeit	83
Ost-West-Problem	22	Standesamt	49, 60, 79, 83, 96
		Steuerkarte	29
		Steuerklasse	12, 102
Pate	78		
Patenschaft	41		
Pfarrer	78	Taufe	18
Pflegefamilie	67	getauft	78, 100
Pflegeeltern	68, 123		
Pflegemütter	119, 123		
Pflegschaft	38, 68, 80, 122	Umgangsrecht	84, 85
Pflegekind	11, 42, 68, 123	Unterhaltspflicht	82, 88
Pflegeversicherung	12, 79, 87	unterhaltspflichtig	61, 82, 83
Prozess	15, 20, 29, 73, 90, 92, 103, 105	Unterhaltsverpflichtung	83, 84, 86, 89
		Unterhaltsanspruch	88
		Unterhaltsansprüche	63, 83
Rentenversicherung	87, 89		
Reproduktionsmedizin	111, 112	Vaterschaft	81–83
		Vaterschaftsanerkennung	82, 83
		Vermittlungsagentur	76, 114
Samenbank	57, 60, 62, 77, 100, 101, 111	Versorgungsausgleich	89
Samenspender	25, 28, 31, 57–61, 67, 94, 100	Vertrag	63, 68, 84, 87, 88
Schwangerschaft	23, 42, 58, 81, 94, 95, 100, 102, 113	Vollmacht	84, 85
Schwule Väter	9, 116–118, 124	Vorurteil	9, 11, 47, 92, 121
Sorgerecht	20, 82, 85, 88, 124		
kleines Sorgerecht	15, 85	Waisengeld	87
soziale Elternschaft	11	Waisenhaus	45–47, 67
soziale Eltern	57	Waise	87
Spender	25, 28, 31, 57, 76, 94, 100, 112	Website	107–120, 123
Nein-Spender	63, 64		

Aufnahmeantrag

○ Ja, ich möchte alles über den LSVD wissen

Besonders interessieren mich Materialien zu
○ Rechtsratgeber Eingetragene Lebenspartnerschaft
○ Liebe verdient Respekt. Informationen zur Homosexualität
○ ILSE – Initiative lesbischer und schwuler Eltern im LSVD
○ Eltern von homosexuellen Töchtern und Söhnen
○ FamilySecure, Versicherungsangebote für Regenbogenfamilien
○ Lesben im LSVD
○ Binationale Paare
○ Jugend im LSVD
○ TürkGay
○ ERMIS (griech. Schwul-lesbische Gemeinschaft)
○ Antihomosexuelle Gewalt
○ Gay and Gray

○ Ja, ich trete in den LSVD ein.
 Programm und Satzung des LSVD erkenne ich an.

Ich zahle einen monatlichen Beitrag* von
○ € 8   ○ € 15   ○ € 30   ○ € ____

*Monatlicher Regelbeitrag € 8, für Nichtverdiener/innen € 2,50

Einzugsermächtigung
Mein Mitgliedsbeitrag soll viertel-/halb-/jährlich von meinem Girokonto abgebucht werden. Diese Einzugsermächtigung kann jederzeit widerrufen werden.

Konto-Nr.	BLZ
bei Geldinstitut	Kontoinhaber/in
Name	Geburtsdatum
Anschrift	
Telefon Telefax	E-Mail

Ort, Datum, Unterschrift

Ausfüllen und per Post an: **LSVD e. V., Postf. 10 34 14, 50474 Köln**
oder per Fax an: (02 21) 92 59 61-11